Thomas D. Williams

GOTT IST GRÖSSER ALS IHR GLAUBT

Antworten auf atheistische Argumente

Thomas D. Williams

GOTT IST GRÖSSER ALS IHR GLAUBT

Antworten auf atheistische Argumente

Sankt Ulrich Verlag

Titel der Originalausgabe:
Greater Than You Think. A Theologian Answers the Atheists About God
© 2008 by Thomas D. Williams
Published by arrangement with Grand Central Publishing, New York, NY, USA
Dieses Werk wurde vermittelt durch die Literarische Agentur Thomas Schlück GmbH,
30827 Garbsen
Übersetzt von Gabriele Stein

Bibliographische Information der Deutschen Bibliothek

Die Deutsche Bibliothek verzeichnet diese Publikation in der
Deutschen Nationalbibliographie; detaillierte bibliographische Daten
sind im Internet über http://dnb.ddb.de abrufbar.

© 2009 by Sankt Ulrich Verlag GmbH, Augsburg
Alle Rechte vorbehalten
Umschlaggestaltung: uv media werbeagentur
Mediengruppe Sankt Ulrich Verlag, Augsburg
Druck und Bindung: Ludwig Auer GmbH, Donauwörth
Printed in Germany
ISBN: 978-3-86744-100-1
www.sankt-ulrich-verlag.de

Sucht, dann werdet ihr finden
(Lk 11,9)

INHALT

Einleitung   11

TEIL I
RELIGION IM FADENKREUZ   17

1. Religion oder Religionen?
   Sind alle Religionen gleich?   19
2. Ist Religion nicht einfach nur Wunschdenken?   24
3. Erhört Gott unsere Gebete?   27
4. Kann jemand ohne Religion sittlich gut sein?   30
5. Ist der Glaube an Gott nicht nur ein Hintertürchen für diejenigen, die nicht mit der Sterblichkeit umgehen können?   34
6. Sind religiöse Menschen weniger intelligent als Nichtgläubige?   37

TEIL II
RELIGION UND GESELLSCHAFT   41

7. Schadet Religion mehr, als sie nützt?   44
8. Verursacht die Religion denn keine Kriege und Gewalttaten?   49
9. Sind religiöse Menschen verantwortungslose Staatsbürger?   55

INHALT

10. Versuchen die Gläubigen, das Ende der Welt zu
    beschleunigen?   59

11. Ist religiöse Erziehung eine Form von
    Kindesmißhandlung?   62

12. Sollte es gläubigen Menschen erlaubt sein,
    ihren Glauben weiterzugeben?   67

TEIL III
GLAUBE – WISSENSCHAFT – VERNUNFT   73

13. Hat die Wissenschaft bewiesen,
    daß Gott nicht existiert?   76

14. Stellt die Bibel die Ursprünge des Menschen und
    des Kosmos nicht falsch dar?   81

15. Ist das Christentum wissenschaftsfeindlich?   86

16. Sind nicht alle Wissenschaftler und Denker
    Atheisten oder zumindest Agnostiker?   92

17. Ist religiöser Glaube irrational?   97

TEIL IV
DAS CHRISTENTUM UNTER BESCHUSS   103

18. Ist der Gott der Bibel ein eifersüchtiger Sadist?   106

19. Sind die Evangelien verläßliche historische
    Dokumente?   111

20. Hat es den historischen Jesus wirklich gegeben?   116

21. Hat Jesus die Kirche gegründet, oder wurde er von seinen Gefolgsleuten instrumentalisiert?   121

22. Sind Christen Sexhasser? Führt Glaube zu sexueller Verklemmtheit?   124

TEIL V
ATHEISMUS UNTER DER LUPE   129

23. Sind Atheisten toleranter als Gläubige?   132

24. Sind Atheisten bessere Bürger als religiöse Menschen?   137

25. Sind Atheisten ethischer als Gläubige?   141

26. Sind Atheisten glücklicher als Gläubige?   149

27. Sind Atheisten großzügiger und menschenfreundlicher als Gläubige?   153

Epilog: Ein Appell an die Christen   158

Anmerkungen   161

EINLEITUNG

Wenn Sie die letzten Jahre nicht gerade in einer Einsiedelei in den Bergen verbracht haben, dann können Ihnen die neuesten atheistischen Ausbrüche auf dem Büchermarkt eigentlich gar nicht entgangen sein. Und um Ausbrüche handelt es sich, denn bei den Atheisten löst schon die bloße Erwähnung eines höchsten Wesens allergische Reaktionen aus – die allerdings recht lukrativ sind, denn einige dieser jüngsten Diatriben haben sich zu Bestsellern entwickelt, was einmal mehr beweist, daß es nie wirklich aus der Mode kommt, die Religion zu verunglimpfen.

Die Liste umfaßt Richard Dawkins' *Der Gotteswahn* (2007), Sam Harris' *Das Ende des Glaubens* (2007) und *Brief an ein christliches Land* (2008), Daniel C. Dennetts *Den Bann brechen: Religion als natürliches Phänomen* (2008) und das 2007 erstmalig in deutscher Übersetzung erschienene Buch des Journalisten Christopher Hitchens *Der Herr ist kein Hirte: wie Religion die Welt vergiftet*. Diese Bestseller werden von ganzen Scharen unbedeutenderer Werke begleitet, die deutlich machen, wie gut der Atheismus floriert – man könnte geradezu von einer neuen Form der Heimindustrie sprechen.

Obwohl ihre Argumente nicht neu sind, verdienen die Atheisten eine vernünftige Antwort. Und sei es auch nur aufgrund ihrer Popularität, die zeigt, daß viele Menschen ihren Argumenten Gehör schenken, obwohl sie die andere Seite der Medaille gar nicht unbedingt kennen. Im vorliegenden Buch habe ich die wichtigsten Argumente der jüngsten atheistischen Texte unter einer Reihe einfacher Leitfragen zusammengestellt, die ich jeweils kurz beantworte. Dabei habe ich mich um Fairneß und Objektivität bemüht und mich nicht nur auf den Glauben, sondern insbesondere auf die Vernunft berufen – die der gemeinsame Nenner aller Gläubigen und Nichtgläubigen sein sollte.

Ich habe die Fragen ferner in fünf Bereiche unterteilt, damit der Leser sich auf möglichst übersichtliche Weise mit den Einwänden auseinandersetzen kann. Der erste Teil befaßt sich mit dem menschlichen und kulturellen Phänomen der *Religion an sich*. Vor welche Probleme sieht sich der Glaube an Gott gestellt? Im zweiten Teil blicke ich auf die Beziehung zwischen *Religion* und *Gesellschaft*. Bringt die Religion illoyale Staatsbürger und Kriege hervor, wie der Atheist behauptet, oder beeinflußt sie die Gesellschaft zum Besseren hin? An dritter Stelle untersuche ich das Verhältnis von *Glauben und Wissenschaft und Vernunft*, um besser zu verstehen, was Glaube und Vernunft miteinander zu tun haben. Viertens gehe ich den Beschuldigungen auf den Grund, die *gegen das Christentum im besonderen* vorgebracht werden und reagiere auf die Einwände, die in den vergangenen zweitausend Jahren gegen das Bestehen der Kirche vorgebracht worden sind. Fünftens schließlich drehe ich den Spieß für einen Moment herum und überprüfe, *wie der Atheismus dasteht*, wenn man ihn mit denselben Fragen konfrontiert, die zuvor an die Religion gerichtet worden sind. Bringt der Atheismus treuere und großzügigere Bürger hervor, oder führt er zu Egoismus und Maßlosigkeit?

Ich habe im Lauf meines Lebens eine ganze Reihe von Atheisten und Agnostikern kennengelernt, und meine eigene begrenzte Erfahrung weist darauf hin, daß Atheismus – zumindest in seinen leidenschaftlicheren Formen – immer seine Ursachen hat. Alle überzeugten Atheisten, die ich kenne, glauben nicht einfach nicht an Gott: sie *hassen* ihn. Sie empfinden ihm gegenüber keine schlichte Gleichgültigkeit, sondern eine geradezu inbrünstige Abneigung. Und diese Abneigung hat, wie mir scheint, immer eine oder zwei Ursachen: ein erlittenes Unrecht, das sie Gott vorwerfen und ihm nicht vergeben können; oder ein begangenes Unrecht, das sie sich selbst nicht vergeben können. Es geschieht wirklich bemerkenswert oft, daß ich mit einer Person spreche, die sich selbst als Atheist bezeichnet und die dann nach einer gewissen Zeit Dinge sagt wie: „Ich bin nicht mehr in die Kirche gegangen, seit ich mit 22 eine Abtreibung hatte", oder: „Ich habe nach nur drei Jahren Ehe meine Frau verloren", oder: „Ich habe aufgehört an Gott zu glauben, als mein Zwillingsbruder mit fünfzehn gestorben ist".

Ich bin mit keinem der oben genannten Autoren persönlich befreundet und bin nicht so gründlich mit ihrem Privatleben vertraut, daß ich die Ursachen ihres Gotteshasses zuverlässig bestimmen könnte. Was ich aber mit moralischer Überzeugung sagen kann, ist, daß Atheismus keine natürliche Veranlagung, sondern ein künstliches Produkt ist. Man muß nicht erklären, warum ein Mensch gläubig, sondern warum er Atheist geworden ist. Tatsächlich bin ich noch nie einem Atheisten begegnet, der nicht genau benennen könnte, welches Ereignis oder welche Ereignisse ihm seinen Glauben genommen haben.

Ich bin sicher, daß der Atheismus – anders als die religiöse Gleichgültigkeit – niemals eine allmähliche Entfremdung oder einen schrittweisen Abfall von Gott darstellt. Atheismus ist eine *Ablehnung* Gottes. Niemand schreibt zornige Bücher über andere Phänomene, an die er nicht glaubt. Nur Gott, das höchste Wesen, ruft Reaktionen von solcher Heftigkeit hervor. Nur Gott verdient diese leidenschaftliche Leugnung seiner Existenz, die ihm Buch für Buch immer wieder entgegenschlägt. Nur Gott – und zwar vor allem der christliche Gott – vermag auf der einen Seite eine solche Hingabe und Liebe und auf der anderen Seite einen so tiefverwurzelten Haß auszulösen.

Ehe wir zum eigentlichen Buch vorstoßen, muß ich über meine eigenen Überzeugungen und Beweggründe Rechenschaft ablegen. Ich bin zunächst einmal Christ. Das heißt, ich glaube an Gott, den allmächtigen Vater, der alles geschaffen hat und Liebe ist und der die Menschheit so sehr geliebt hat, daß er seinen einzigen Sohn in die Welt gesandt hat, um uns zu erlösen. Ich glaube, daß dieser Jesus Mensch für uns geworden ist, um uns zu zeigen, was es heißt, voll und ganz Mensch zu sein; um uns das Wesen Gottes als einer liebenden Gemeinschaft von Personen – Vater, Sohn und Heiligem Geist – zu offenbaren; und um für uns am Kreuz zu sterben. Ich glaube, daß dieser Jesus von den Toten auferstanden und in den Himmel aufgefahren ist, daß er uns seinen Heiligen Geist gesandt hat, um uns in die ganze Wahrheit zu führen, und daß er eine Gemeinschaft von Gläubigen – die Kirche – gegründet hat, um von seiner Liebe zur Welt Zeugnis abzulegen.

Das sind die Kernaussagen meines Glaubens. Mein christlicher Glaube gibt mir keine Überlegenheit gegenüber anderen. Er gibt mir allenfalls eine größere Verantwortung gegenüber Gott. Mir ist mein Glaube in die Wiege gelegt worden, und schon von frühester Kindheit an habe ich Gottes liebevolle Gegenwart in meinem Leben erfahren dürfen. Trotz meines häufigen und beständigen Scheiterns hört Gott nicht auf, mich zu lieben und mich mit seiner Gnade zu überschütten. Ich werde daran gemessen werden, wie ich in meinem Leben auf Gottes Liebe geantwortet habe, und ich hoffe, daß er mir Barmherzigkeit erweisen wird.

Wenn aus diesen atheistischen Schriften irgend etwas Positives erwachsen kann, dann dies: Sie geben den Gläubigen die Gelegenheit, sich der Gründe für ihren Glauben wieder deutlicher bewußt zu werden. Vielleicht geben sie ihnen auch den Anlaß zu einer Gewissenserforschung. Werden nicht viele Vorurteile gegen die Religion dadurch verursacht oder zumindest ausgelöst, daß Gläubige – womöglich wir selbst – ein falsches Bild von ihrem Glauben vermitteln oder ihren eigenen Idealen nicht gerecht werden? Wenn man beispielsweise alle Christen an ihrer Liebe zueinander erkennen könnte – wie es dem Gebot Christi entspräche –, wäre es dann für die Nichtgläubigen nicht vielleicht leichter, ihre Vorurteile gegenüber der Religion zu überwinden?

Antworten auf atheistische Argumente – das ist der Untertitel, den ich diesem Buch gegeben habe. Ich gehe auf die Einwände ein, die sie vorbringen. Vielleicht sind sie die Ursachen ihres Atheismus, vielleicht auch nicht, auf jeden Fall aber sind sie die Botschaft, die bei den Lesern ankommt. Ich schreibe dieses Buch für die vielen „Suchenden", die aufrichtig bemüht sind, Gott zu finden, und die sich vielleicht von den vermeintlichen Gründen für den Unglauben, die in diesen Abhandlungen vorgebracht werden, verunsichern lassen. Ich schreibe auch für Gläubige – insbesondere Christen –, die nicht die passende Antwort finden, wenn man sie mit solchen Behauptungen konfrontiert. Ich hoffe, daß ich ihnen die gesuchten Antworten liefern und so den Worten des großen Apostels Petrus Folge leisten kann, der die Christen mahnte: „Seid stets bereit, jedem Rede und Antwort zu stehen, der nach der Hoffnung fragt, die euch erfüllt" (1 Petr 3,15).

Zuweilen entsteht vielleicht der Eindruck, daß ich die Argumente, auf die ich antworte, geringschätze. Ich tue dies nicht aus mangelndem Respekt für die, die sie vertreten, im Gegenteil: ich sehne mich danach, daß sie und alle Menschen sich mit Gott versöhnen. Denn schließlich hat Jesus uns versprochen, daß wir *finden,* wenn wir wirklich *suchen.*

Teil I
RELIGION IM FADENKREUZ

In unserem ersten Abschnitt geht es um Einwände gegen die Religion an sich als menschliches Phänomen. Wir werden sofort sehen, daß zunächst einmal geklärt werden muß, was mit „Religion" eigentlich gemeint ist, denn das Wort bezeichnet eine Vielfalt von Glaubenssystemen und Institutionen, die zwar miteinander verwandt, aber oft sehr unterschiedlich sind. Was versteht beispielsweise Christopher Hitchens unter „Religion", wenn er schreibt, daß „Religion tötet" oder „die Welt vergiftet" oder suggeriert, Religion sei „Kindesmißhandlung"?

Als nächstes werden wir uns ansehen, wie sich die Atheisten Freuds Theorie von der Religion als Wunscherfüllung und seine Vorstellung angeeignet haben, die Existenz Gottes sei eine psychologische Projektion unserer Sehnsucht nach einer Vaterfigur. Gibt es empirische Daten, die diese Theorie rechtfertigen? Hat die kollektive Phantasie der Menschheit Gott aus einem Bedürfnis heraus erschaffen, oder könnte es doch sein, daß er real ist? Bedeutet die Tatsache, daß Gott den menschlichen Bedürfnissen und Sehnsüchten entspricht, daß wir ihn, oder daß er uns geschaffen hat?

Drittens werden wir dem Einwand auf den Grund gehen, daß Gott die Gebete der Menschen nicht erhört, und uns mit dem Wesen des Gebets an sich befassen. Läßt sich Gottes Beziehung zu den Menschen anhand statistischer Analysen messen? Was bedeutet es, etwas von Gott zu erbitten, und was bedeutet es, von Gott erhört zu werden? Und was ist mit all den Menschen, die sagen, daß Gott ihre Gebete erhört? Sind sie einem Wahn erlegen?

Ein weiterer Punkt, den es zu untersuchen gilt, ist das Verhältnis von Religion und Moral. Kann ein Mensch ohne Religion sittlich gut sein? Ermutigt Religion zur Sittlichkeit, oder ist die Religion selbst, um wieder mit Christopher Hitchens zu sprechen, „nicht nur amoralisch, sondern unmoralisch"?[1] Fördert oder verdirbt die Religion unsere natürlichen Neigungen?

Eine letzte These, mit der wir uns auseinandersetzen müssen, betrifft die Intelligenz der Gläubigen. Sind religiöse Menschen – wie unsere Atheisten behaupten – weniger intelligent als Nichtgläubige? Gibt es einen Zusammenhang zwischen IQ und Religiosität, oder ist der Glaube ein Phänomen, das im gesamten Spektrum der menschlichen Intelligenz zu beobachten ist? Das sind einige der Themen, mit denen wir uns beschäftigen werden. Halten wir uns also nicht länger auf, sondern lassen die Debatte beginnen!

1.
RELIGION ODER RELIGIONEN?
SIND ALLE RELIGIONEN GLEICH?

Christopher Hitchens nimmt in seiner bitteren Beschreibung der „Religion" kein Blatt vor den Mund. In *Der Herr ist kein Hirte* charakterisiert er die organisierte Religion wie folgt: „Sie ist gewalttätig, irrational und intolerant, steht im Bund mit Rassismus, Stammesdünkel und Bigotterie, lehnt in ihrer Ignoranz die freie Forschung ab, verachtet Frauen und züchtigt Kinder."[1] Angeblich weisen alle Religionen und alle religiösen Menschen diese Züge auf. Hitchens und seine Brüder im Unglauben beziehen sich ständig auf „die Religion" oder „die organisierte Religion", als handele es sich dabei um ein einziges, nicht differenziertes, immer gleiches Phänomen. Richard Dawkins sagt explizit: „Ich greife nicht eine bestimmte Version von Gott oder Göttern an. Ich wende mich gegen Gott, alle Götter, alles Übernatürliche, ganz gleich, wo und wann es erfunden wurde oder noch erfunden werden wird."[2]

Daniel Dennett definiert Religion als „soziale Systeme, deren Mitglieder sich zum Glauben an einen oder mehrere übernatürliche Akteure bekennen, deren Wohlwollen es zu gewinnen gilt."[3] Es ist jedoch höchst problematisch, die Religion als einfaches Phänomen zu behandeln, denn

Religionen sind so unterschiedlich wie Individuen. Diese wichtige Tatsache wollen wir kurz am Beispiel zweier sehr bekannter Gläubiger veranschaulichen, die nach Dennetts Definition beide als *religiös* bezeichnet werden müßten.

David Berkowitz, besser bekannt unter dem Namen „Son of Sam", war ein berüchtigter Serienmörder, der New York vom 29. Juli 1976 bis zum 10. August 1977 – an diesem Tag wurde er von der Polizei gefaßt – in Angst versetzte. Er war tief „religiös". Berkowitz behauptete bekanntlich, ein von einem Dämon besessener Nachbarshund habe ihm befohlen zu töten.

Im Frühling 1975 hatte sich Berkowitz einem gewalttätigen satanischen Kult angeschlossen. Der harte Kern dieses Kults bestand in New York aus rund zwei Dutzend Mitgliedern, die Berkowitz die „zweiundzwanzig Jünger der Hölle" nannte. Seiner Aussage zufolge nahm die Gruppe anfangs an harmlosen Aktivitäten wie Séancen und Wahrsagerei teil. Nach und nach, so Berkowitz, habe die Gruppe ihn jedoch in harte Drogen, sadistische Pornographie und Gewalthandlungen eingeführt. Zuerst töteten sie Hunde, meist deutsche Schäferhunde. Dann begann Berkowitz Menschen zu töten. Bis zu seiner Verhaftung hatte Berkowitz dreizehn Menschen niedergeschossen; sechs davon starben.

Unser zweites Beispiel eines „religiösen" Menschen sieht etwas anders aus. Pater Damian de Veuster war ein römisch-katholischer Priester aus Belgien und Mitglied eines Missionsordens. Damian wurde nach Hawaii geschickt, um den Menschen dort zu dienen, und landete am 19. März 1864 im Hafen von Honolulu. Er kam just zu der Zeit dort an, als das Königreich von einer schweren Krise des Gesundheitswesens erschüttert wurde, nachdem ausländische Händler und Seeleute verschiedene Krankheiten – unter anderem Lepra – auf den hawaiianischen Inseln eingeschleppt hatten.

Aus Furcht vor einer Epidemie isolierte König Kamehameha V. die Leprakranken und siedelte sie im Norden der Insel Molokai an. Pater Damian wurde ihnen als Seelsorger zugewiesen und ging zunächst nach Nord-Kohala auf Hawaii, wo sich eine katholische Missionsstation befand. Obwohl ihm bewußt war, daß dies seinen Tod bedeuten konnte, bat Damian nach langem Beten und Nachdenken seinen zuständigen Bischof Louis Maigret um die Erlaubnis, in Molokai zu leben.

Bei seiner Ankunft fand Damian eine demoralisierte, gesetzlose Todeskolonie vor, in der die Menschen gegeneinander ums Überleben kämpften. Als erstes baute Damian eine Kirche; doch neben seiner spirituellen Tätigkeit verband er Geschwüre, baute Häuser und Betten, zimmerte Särge und hob Gräber aus. Unter seiner Führung wurden die wichtigsten Gesetze wieder in Kraft gesetzt, Baracken in Häuser umgewandelt und gestrichen, Wirtschaftshöfe organisiert und Schulen eingerichtet.

1884 stellte Damian fest, daß er sich mit Lepra infiziert hatte, doch selbst danach arbeitete er intensiv weiter, sorgte dafür, daß möglichst viele Häuser fertiggestellt wurden, und tat alles dafür, daß seine Pläne auch nach seinem Tod weitergeführt werden konnten. Im Alter von neunundvierzig Jahren starb Pater Damian an Lepra. Später pries Mahatma Gandhi Pater Damian für sein Leben und Wirken und erklärte, Pater Damian sei ihm bei seinen eigenen sozialen Kampagnen in Indien, die seinem Volk die Freiheit gebracht hatten, ein Vorbild gewesen. Gandhi sagte: „Die politische und journalistische Welt kann sich sehr weniger Helden rühmen, die dem Vergleich mit Pater Damian von Molokai standhalten."[4]

Zuweilen tun Menschen im Namen der Religion schreckliche Dinge. Und zuweilen tun sie wunderbare und heroische Dinge. Wenn Hitchens die Kapitel seines Buchs mit Titeln wie „Religion tötet" oder „Wie Religion die Welt vergiftet" überschreibt, sollen wir glauben, daß er sich damit auf ein einziges Phänomen bezieht, das „Religion" genannt wird – doch tut er das wirklich? Die Beispiele, die er anführt, sprechen eine andere Sprache. Mal ist von Christen die Rede, mal von Hindus, und in mehr als der Hälfte der Fälle geht es um Muslime.

Den amerikanischen Originaltitel seines Buchs *(God Is Not Great:* „Gott ist nicht groß") hat Christopher Hitchens in Anlehnung an die Worte gewählt, die Saddam Hussein auf die irakische Flagge hatte schreiben lassen: *Allahu akbar* („Gott ist groß").[5] Damit setzt er alle Religionen dem islamischen Fanatismus gleich. Er benutzt den Islam als Waffe, um das Christentum und das Judentum niederzumachen. Es ist jedoch unseriös, individuelle Verbrechen als Ergebnisse von „Religion" darzustellen, als ob Religion ein ganz und gar einheitliches Phänomen wäre. Tatsächlich aber bezeichnet der Begriff *Religion* – und als Journalist sollte Hitchens das wissen – eine Vielfalt von Dingen.

Was wäre, wenn Hitchens ein Kapitel mit „Amerikaner töten" oder „Wie Amerikaner die Welt vergiften" überschrieben hätte? Zwar trifft es zu, daß *einige* Amerikaner töten, doch es ist ein logischer Trugschluß, diese Aussage auf *alle* Amerikaner auszudehnen oder zu behaupten, diese Menschen würden töten, *weil* sie Amerikaner sind. Diese absichtlich uneindeutige Ausdrucksweise beeinträchtigt die Wissenschaftlichkeit von Hitchens' Buch und macht seine Schlußfolgerungen äußerst suspekt.

Hätte Christopher Hitchens sein Buch mit „Wie Fanatismus die Welt vergiftet" untertitelt, hätte er einen besseren Stand gehabt. Religiöser Extremismus ist – wie alle Formen von Extremismus – oft ein gefährliches Phänomen. Und tatsächlich sind alle Beispiele, die er anführt, die Verbrechen religiöser Extremisten, die damit nicht selten gegen ihren eigenen moralischen Kodex verstoßen. Doch damit, daß er alle religiösen Überzeugungen in einen Topf wirft und „Religion" als ein monolithisches, homogenes Ganzes behandelt, stiftet Hitchens eher Verwirrung als Klarheit. Natürlich kann man Rasputin, Mutter Teresa, Richard Ramirez und Mahatma Gandhi in die Kategorie „religiöser" Menschen einordnen, aber was haben sie außer ihrem Glauben an das Übernatürliche letztlich gemeinsam? Gar nichts.

Was Ihnen, lieber Leser, sehr klar sein sollte, ist die Tatsache, daß es der Komplexität des Themas nicht gerecht wird, über Verbrechen „der Religion" zu sprechen.

2.
IST RELIGION NICHT EINFACH NUR WUNSCHDENKEN?

Die Behauptung, daß Religion der Wunscherfüllung dient, stellt für Christopher Hitchens einen der vier „nicht weiter reduzierbaren Einwände" gegen den religiösen Glauben dar.[1] Mit anderen Worten: sie ist eine der vier unüberwindlichen Barrieren, die ihn am Glauben hindern. Vor mehr als zweihundert Jahren schrieb Voltaire: „Wenn Gott nicht existierte, dann müßte man ihn erfinden",[2] und für Hitchens scheint dies zu bedeuten, daß wir ihn tatsächlich erfunden haben müssen.

Auf den ersten Blick ist diese Theorie vollkommen einleuchtend. Schließlich möchten wir alle gerne glauben, daß es ein höchstes Wesen gibt, das uns erschaffen hat, das uns liebt und das nach dem Tod endgültig für Gerechtigkeit sorgt. Diese Gottheit stopft viele Löcher unserer irdischen Existenz, die uns zu schaffen machen. Die ungelösten Fragen von Leid, Tod und Ungerechtigkeit und unsere Sehnsucht nach einem nie endenden Glück decken sich erfreulich gut mit der Vorstellung von einer liebenden, allmächtigen Vaterfigur.

Doch die Tatsache, daß viele Aspekte unserer Gottesvorstellung mit den tiefsten Sehnsüchten des menschlichen Herzens übereinstimmen, liefert uns im Hinblick auf die

Möglichkeit seiner Existenz im Grunde keine neuen Informationen. Wenn es einen Gott gibt, dann wäre es durchaus nachvollziehbar, wenn er uns so geschaffen hätte, daß wir uns genau nach dem sehnen, was er uns schenken kann. Unser Bedürfnis nach Nahrung und menschlicher Gesellschaft bedeutet nicht, daß ein Filet Mignon und die Freundschaft Projektionen unserer menschlichen Vorstellungskraft sind.

Wir sollten außerdem daran denken, daß wir zwar gute Gründe dafür haben, an Gott zu glauben, daß aber viele Leute ebenso gute Gründe haben, *nicht zu glauben*. Was ist zum Beispiel mit denen, die sich nicht mit der Vorstellung von einer endgültigen Gerechtigkeit nach dem Tod anfreunden können? Was ist mit denen, die sich nicht sonderlich um die Regeln kümmern, die Gott für ihr Verhalten aufstellt? Was ist mit denen, die den Gedanken einfach nicht ertragen können, daß ihre absolute Autonomie und Unabhängigkeit durch eine Autoritätsfigur – sei sie nun wohlwollend oder nicht – eingeschränkt werden?

Wie also könnte die Theorie von der Wunscherfüllung den Status eines „nicht weiter reduzierbaren Einwands" erreichen? Sie bietet allenfalls eine von vielen möglichen Erklärungen dafür, wie Menschen dazu kommen, an Gott zu glauben. Darüber, ob Gott wirklich existiert, sagt sie nichts aus.

Hitchens' Argument basiert auf Siegmund Freuds Hypothese, Gott sei eine psychologische Projektion unserer Sehnsucht nach einer perfekten Vaterfigur. In seinem Werk *Totem und Tabu* schrieb Freud, daß „für jeden (...) sein persönliches Verhältnis zu Gott von seinem Verhältnis zum leiblichen Vater abhängt (...) und daß Gott im Grunde nichts anderes ist als ein erhöhter Vater."[3] Manche Psychologen haben die Gültigkeit von Freuds Theorie jedoch ernsthaft in Frage gestellt. 1999 veröffentlichte Dr. Paul Vitz von der Universität New York unter dem Titel *Faith of the Fatherless* eine bedeutende Studie zur Psychologie des Atheismus.[4] Darin fand er heraus, daß Atheisten erstaunlich häufig Probleme mit ihren Vätern hatten. Fälle von Mißbrauch und abwesende oder schwache Vaterfiguren gingen oft Hand in Hand mit dem Phänomen eines heftigen und aggressiven Atheismus. Vitz stellte die Hypothese auf, daß die Atheisten ihre Furcht oder ihre Verachtung für den eigenen Vater auf Gott projiziert hatten und die Gottheit daher ablehnten.

Anders als die geläufige freudianische Weisheit, wonach Religiosität ein unnatürlicher Zustand der menschlichen Person ist, der einer Erklärung bedarf, ergab Vitz' Studie, daß das Gegenteil der Fall ist: Theismus tritt häufiger in Verbindung mit einer gesunden Psyche auf, während Atheismus unverhältnismäßig häufig bei Personen mit problematischen Vaterbeziehungen vorkommt. Atheismus hängt von vielen verschiedenen Faktoren ab, doch Vitz' Untersuchung legt den Gedanken nahe, daß ein problematisches Verhältnis zum eigenen Vater dem Unglauben den Boden bereitet.

Vielleicht also ist, kurz gesagt, der Atheismus die Krankheit, die der Erklärung bedarf, und der Theismus der natürliche Zustand eines seelisch gesunden Menschen. Was ist wahrscheinlicher: daß jede der Geschichtswissenschaft bekannte Zivilisation einer kollektiven Täuschung erlegen ist oder daß einige wenige unglückliche Seelen sich einer Erkenntnis widersetzen, die für alle anderen offensichtlich scheint?

3.
ERHÖRT GOTT UNSERE GEBETE?

Daß er nicht an Gott glaubt, begründet Richard Dawkins unter anderem damit, daß Gott unsere Gebete nicht erhört. Dawkins ist davon überzeugt, daß die Existenz Gottes mit wissenschaftlichen Methoden überprüft oder widerlegt werden kann: Beobachtung, Hypothese, Experiment und Kontrolle. Wenn es also einen persönlichen Gott gibt, sollte sein Verhalten logisch und vorhersehbar sein. Als ich mich durch die 534 Seiten von *Der Gotteswahn* hindurcharbeitete, sind mir mehr als einmal die Worte in den Sinn gekommen, die in den Büchern von C. S. Lewis über die Christusfigur Aslan gesagt werden: „Aber Richard, er ist kein zahmer Löwe!" Mit anderen Worten: Wer sagt, daß Gott sich so verhalten muß, wie Richard Dawkins es für vernünftig und logisch hält?

Einer der Irrtümer, den nicht nur Richard Dawkins, sondern auch viele Christen begehen, ist die Tatsache, daß sie Gott mit einem Medikament verwechseln: Man nimmt es und fühlt sich besser. Ursache und Wirkung. Wir beten und erhalten das erwünschte Ergebnis – wie wenn man ein paar Münzen in den Getränkeautomat wirft und dafür eine Dose Cola bekommt. Wir projizieren eine mechanistische Struktur auf Gott, so, als wäre er nicht der Urheber der physikalischen Gesetze, sondern ihnen *unterworfen* wie alles andere auch. Doch wenn Gott ein persönlicher Gott – und kein allgemeines Gesetz, keine „Kraft" – ist, dann leuchtet es ein, daß auch seine Antworten auf unser Flehen persönlich, veränderlich und – auf göttliche Weise – *subjektiv* sind.

Was aber stellen wir uns darunter vor, daß Gott „unsere Gebete erhört"? Meinen wir, daß, wenn ich im Gebet um ein rotes Fahrrad bitte, es morgen früh wie durch Zauberei vor meiner Tür stehen wird? Nein. Oder meinen wir, daß, wenn ich mit Gott spreche, ihm von meinen Bedürfnissen und meinen Hoffnungen erzähle und ihn um Hilfe bitte, er mich erhören und *auf seine Weise* immer reagieren wird? Ja. Ich weiß zwar, daß Richard Dawkins und seinesgleichen von dieser Antwort enttäuscht sein werden, weil sie die Sache wieder einmal aus dem empirisch überprüfbaren Bereich herauskatapultiert, aber so ist es nun einmal. Mit anderen Worten: Wir können ein Gebet nicht als Experiment benutzen (wie Dawkins es tut), um die Existenz Gottes zu beweisen oder zu widerlegen. Wir können nur beten und lauschen. Wenn wir eine Antwort bekommen, wird Richard Dawkins dies unter dem Stichwort „Wunscherfüllung" abhaken. Das ist okay. Das ist sein gutes Recht.

Hunderte oder Tausende von Menschen – und ich mit ihnen – sind davon überzeugt, daß Gott unsere Gebete nicht nur *hört,* sondern sie auch beantwortet. Häufig stellt sich das, was zunächst ein „unbeantwortetes Gebet" zu sein scheint (wenn Sie z. B. den Job, für den Sie sich beworben haben, nicht bekommen), als eine „Gebetserhörung" heraus (wenn Sie herausfinden, daß es für Sie eine Katastrophe gewesen wäre, dort arbeiten zu müssen). Zudem besteht das christliche Beten nicht darin, unseren Fall so zu vertreten, daß Gott ihn letztlich mit unseren Augen sieht. Es besteht vielmehr darin, uns selbst dazu zu bringen, in unserem Leben Gottes Willen zu akzeptieren. In meinem eigenen Leben hat Gott mir unzählige Hinweise auf seine Existenz und seine zärtliche Fürsorge gegeben. Aber er ist kein „zahmer Löwe", und er läßt sich auch nicht in eine Schachtel sperren.

Das bedeutet, daß ich seine Antworten so akzeptieren muß, wie er sie mir geben will. Was ich an seiner Stelle tun würde, ist nicht von Belang. Dawkins und Konsorten würden Gottes „Gebetserhörungsverhalten" – und damit auch seine Existenz oder Nichtexistenz – gerne in einem Labor überprüfen. Doch wenn es um das Gebet und seine Ergebnisse geht, muß man zunächst einmal verstehen, daß Gott Gott ist. Die Antwort, die er uns gibt, wird nicht von wissenschaftlichen Gesetzen, sondern von dem diktiert, was, wie er weiß, wirklich das Beste für uns ist. Wenn wir bereit sind, ihm zu vertrauen, dann werden wir vielleicht beginnen zu sehen.

4.
KANN JEMAND OHNE RELIGION SITTLICH GUT SEIN?

Die einfache Antwort auf diese Frage lautet: „Ja, natürlich." Genauso, wie man ohne Schaufel ein Loch graben oder ohne Computer ein Buch schreiben kann, kann man auch nicht ausgesprochen religiös und dennoch ein moralischer Mensch sein. Um zu zeigen, daß dies *möglich* ist, brauchen wir nur ein einziges Beispiel für einen Nichtgläubigen, der moralisch handelt. Wichtiger allerdings wäre vielleicht die Frage: „Veranlaßt der religiöse Glaube die Menschen zu einer Besserung ihres Verhaltens?" Und auch hier ist die Antwort ein entschiedenes „Ja!"

Obwohl die Religionen unterschiedlich sind, verfügen doch die meisten über moralische Kodizes, die die Menschen ermutigen, besser zu leben, als sie es ohne Religion tun würden. Wir werden dazu aufgefordert, einander zu lieben, demütig zu sein und zu dienen, statt uns bedienen zu lassen. Atheisten andererseits haben keinen zusätzlichen Ansporn zu einem moralisch guten Leben. Ein Mensch, dessen ethische Prinzipien sich auf das Recht des Stärkeren stützen, kann bestenfalls eine Welt erwarten, in der jeder gegen jeden kämpft. Es ist viel Wahres an jenem Diktum, das Fjodor Dostojewski zugeschrieben wird:

KANN MAN OHNE RELIGION SITTLICH GUT SEIN?

„Wenn es keinen Gott gibt, ist alles erlaubt."[1] Glaube und religiöse Überzeugungen machen vielleicht nicht alle, aber doch viele zu besseren Menschen. Ich bin sicher, Sie haben Menschen kennengelernt, die ihr Leben nach einem religiösen Bekehrungserlebnis völlig auf den Kopf gestellt und ihre Laster überwunden haben, bessere Ehefrauen oder bessere Ehemänner geworden sind und begonnen haben, sich ernsthaft ihrer Verantwortung zu stellen. Doch wie viele Menschen kennen Sie, die ihr Leben in Ordnung gebracht haben, nachdem sie den *Atheismus* für sich entdeckt hatten?

Die Gründer der Vereinigten Staaten waren bekanntlich nahezu einhellig der Überzeugung, daß das amerikanische Experiment der geordneten Freiheit von der Religion abhängig war. Eine Moral ohne Glauben hielten sie nicht für möglich. In seiner Abschiedsrede aus dem Jahr 1797 erklärte Präsident George Washington: „Sowohl die Vernunft als auch die Erfahrung verbieten uns zu erwarten, daß die nationale Moral unter Ausschluß religiöser Grundsätze obsiegen kann."[2] Und sogar Thomas Jefferson, den Richard Dawkins ausführlich (aber selektiv!) zitiert, schrieb 1781: „Gott, der uns das Leben schenkte, schenkte uns die Freiheit. Und können die Freiheiten einer Nation für sicher gehalten werden, wenn wir ihre einzige feste Grundlage beseitigt haben, nämlich die Überzeugung in den Herzen der Menschen, daß diese Freiheiten das Geschenk Gottes sind?"[3] Jeffersons Freund und Kollege James Madison schließlich (der als der „Vater der Verfassung" gilt) schrieb 1825, nachdem er die Präsidentschaft niedergelegt hatte: „Der Glaube an einen allmächtigen, weisen und guten Gott ist (...) wesentlich für die moralische Ordnung der Welt und das Glück der Menschen."⁴

Sinnvoller als die Frage, ob Nichtgläubige moralisch gut sein können, wäre daher die Frage, ob viele Menschen sich aufgrund ihres religiösen Glaubens besser verhalten. Und diese Frage müßte jeder objektive Beobachter mit Ja beantworten.

In *Der Herr ist kein Hirte* gibt Christopher Hitchens zu, daß ihm spontan „Priester, Bischöfe, Rabbiner und Imame" einfallen, „die der Menschlichkeit Vorrang vor ihrer eigenen Religionsgemeinschaft oder ihrem eigenen Glauben einräumten."⁵ Aber das ist nicht der Punkt, oder? Als Christ kann ich sagen, daß ich mich unzählige Male gedrängt gefühlt habe, das Wohl eines anderen Menschen über meine eigenen Präferenzen zu stellen – und zwar nicht trotz, sondern wegen meines christlichen Glaubens! Wenn ich kein Christ wäre, welchen Grund hätte ich dann wohl, meine Feinde zu lieben, für meine Verfolger zu beten oder andere besser zu behandeln, als sie es verdienen – nämlich so, wie ich selbst an ihrer Stelle gerne behandelt werden würde? Mag sein, daß ich mich so verhielte, wenn es meinen eigenen Zielen dienen würde, aber mein christlicher Glaube drängt mich selbst dann dazu, wenn es meinen persönlichen Interessen zuwiderläuft.

Das Christentum fördert die Moral auf unterschiedliche Weise. Zunächst hält es uns in der Person Jesu Christi, der nicht gekommen ist, „um sich dienen zu lassen, sondern um zu dienen" (Mt 20,28), ein *Ideal* vor Augen. Er zog umher, heilte die Kranken, speiste die Hungrigen und lehrte die Unwissenden, und schließlich gab er für unsere

Erlösung sein Leben hin. Zweitens liefert es uns eine Reihe *moralischer Weisungen,* die sich in der Gottes- und Nächstenliebe zusammenfassen lassen, aber auch in den Bereich der praktischen Umsetzung vorstoßen. Überdies glauben wir Christen, daß Gott uns seine Gnade gibt, um unsere Entschlossenheit zu stärken, und daß er uns auf diese Weise befähigt, Dinge zu tun, zu denen wir sonst nicht in der Lage wären. Und schließlich gibt das Christentum uns auch einen *ewigen Ansporn,* so zu handeln – weil wir einen liebevollen Vater nicht enttäuschen wollen und weil uns bewußt ist, daß jeder von uns einst an seinem Verhalten gemessen werden wird.

Die Tatsache, daß wir alle mehr oder weniger an der Aufgabe scheitern, unseren hohen Idealen gerecht zu werden, ist kein Beweis gegen den tatsächlichen moralischen Nutzen der christlichen Religion. Der religiöse Glaube – und nicht der säkulare Humanismus – ermutigt uns dazu, wieder aufzustehen, für unsere Fehler um Verzeihung zu bitten und es erneut zu versuchen.

5.
IST DER GLAUBE AN GOTT NICHT NUR EIN HINTERTÜRCHEN FÜR DIEJENIGEN, DIE NICHT MIT DER STERBLICHKEIT UMGEHEN KÖNNEN?

Fast jeder sucht nach einer Methode, um der ernüchternden Tatsache der menschlichen Sterblichkeit zu entkommen. Manche hoffen, daß die Wissenschaft ihr Leben verlängern oder eines Tages sogar den Schlüssel zur Unsterblichkeit entdecken wird. Andere suchen nach einem mythischen „Jungbrunnen", um Jahre der Gesundheit und des Glücks hinzuzugewinnen und so dem Tod ein Schnippchen zu schlagen. Wieder andere setzen darauf, daß ihr Werk sie unsterblich machen wird, und bringen etwas zeitlos Wertvolles hervor, damit es sie „überlebt". Einige Menschen betrachten ihre Kinder und Enkel als einen Weg, auch nach ihrem Tod Spuren in der Welt zu hinterlassen. Manche glauben, daß sie als Pflanzen, Tiere oder andere Personen in einem fortdauernden Zyklus von Werden und Vergehen wiedergeboren werden. Und wieder andere schließlich – viele andere – hoffen auf ein Leben nach dem Tod, eine ewige Glückseligkeit mit einem Gott, der sowohl Schöpfer als auch Richter ist.

Der natürliche Drang, dem Tod zu entgehen, scheint tief im menschlichen Geist verwurzelt zu sein. Seit dem

Beginn der Geschichtsschreibung haben Männer und Frauen die Vorstellung, daß mit dem Tod alles zu Ende ist, instinktiv von sich gewiesen. Ist dies wieder nur eine andere Form von Wunschdenken? Oder kann es wirklich sein, wie die Christen und viele andere Menschen glauben, daß diese natürliche Sehnsucht einer fundamentalen Wahrheit entspricht und der Tod tatsächlich nicht das Ende des menschlichen Daseins ist? So viele andere natürliche Bedürfnisse verweisen auf etwas wirklich Existentes, das diese Bedürfnisse stillen kann. Wir sind hungrig, und es gibt Nahrung. Wir sind durstig, und es gibt Wasser. Wir sind neugierig, und es gibt Kenntnisse, die wir erwerben können. Wir sehnen uns nach Gesellschaft, und es gibt andere Menschen, die Liebe schenken und empfangen. Fast scheint es ein Naturgesetz zu sein, daß die allgemeinen menschlichen Bedürfnisse die Existenz von etwas anzeigen, das diese Bedürfnisse zu stillen vermag. Könnte dies nicht auch für unsere Sehnsucht nach Unsterblichkeit gelten?

Hier kann uns die Wissenschaft keine Antworten geben. Was nach dem Tod kommt, könnten wir nur erfahren, wenn jemand sterben würde und zurückkäme. Die Menschen sind fasziniert von den Berichten über „Nahtoderfahrungen" und den Erzählungen derer, die „drüben" gewesen zu sein scheinen. Andere sind skeptisch und davon überzeugt, daß sie nicht wirklich tot gewesen sein können, wenn sie zurückgekommen sind. Christen glauben an die leibliche Auferstehung Jesu Christi und an seine Lehre, daß die menschliche Seele nach dem Tod ewig lebt. Wenn Jesus Gott war, hatte er auch die Vollmacht und das Wissen, uns zu sagen, was nach dem Tod kommt. Entweder er war es, oder er war es nicht. Zu seinen Lebzeiten waren viele Augenzeugen sicher, daß er die Wahrheit sprach, und gaben lieber ihr Leben, als ihrem Glauben zu entsagen. Und viele glauben noch heute daran.

Manche denken vielleicht, Friedrich Nietzsche habe recht gehabt, als er sagte, die Religion sei ein Hintertürchen und wir sollten den Mut haben, die Absurdität und Sinnlosigkeit des menschlichen Daseins zu akzeptieren und nicht weiter darüber nachzudenken. Doch auch Nietzsche könnte sich geirrt haben. Manchmal fürchten wir uns geradezu davor, daß Gott genauso groß sein könnte, wie er zu sein scheint, und wir wagen es nicht, an unserer Hoffnung festzuhalten. Und manchmal scheint das, was der Glaube uns sagt, zu gut, um wahr zu sein. Doch wir sollten daran denken, daß Wünsche zuweilen in Erfüllung gehen. Manche Geschichten nehmen ein glückliches Ende. Manche Personen – und Gott vor allen anderen – halten ihre Versprechen.

6.
SIND RELIGIÖSE MENSCHEN WENIGER INTELLIGENT ALS NICHTGLÄUBIGE?

Es ist ein weitverbreitete Mythos unserer Zeit – und es wundert uns nicht, daß die Atheisten ihn in die Welt gesetzt haben –, daß die Gläubigen ein ungebildetes Volk sind und den Einsatz ihres Verstandes zugunsten des blinden Glaubens aufgegeben haben. So schreibt Sam Harris, daß die Vereinigten Staaten aufgrund der religiösen Überzeugungen ihrer Bürger „wie ein klobiger, kriegslüsterner, dummdreister Riese" wirken.[1] Es ist im Grunde nicht überraschend, daß zwei der in diesem Buch erwähnten atheistischen Autoren Briten sind und damit eine Insel vertreten, die in unserer Zeit für ihre religiöse Gleichgültigkeit bekannt ist. Ich habe siebzehn Jahre in Europa gelebt, und es steht außer Frage, daß die unbefangene Religiosität der Amerikaner bei den Europäern Unbehagen auslöst. Und doch haben viele herausragende Denker wie Alexis de Tocqueville die religiöse Überzeugung als Amerikas größte Stärke betrachtet.

Verständlicherweise werden die atheistischen Bücher in Amerikas Küstenregionen, die sich ihrer kosmopolitischen Aufgeschlossenheit rühmen und von dem leichtgläubigen „Jesusland" im Mittelschichtsamerika distanzieren, gut aufgenommen, Richard Dawkins stellt fest: „Bemerkenswert ist der diametrale Gegensatz zwischen der Religiosität der breiten amerikanischen Öffentlichkeit und dem Atheismus ihrer intellektuellen Elite."[2] Und kürzlich bezeichnete Dawkins die Staaten im sogenannten „Bibelgürtel" *(Bible Belt)* als das „Stammhirn des südlichen und mittleren Amerika" im Gegensatz zum „Großhirn im Norden und entlang den Küsten".[3] In einem Punkt hat er recht. Es ist hinlänglich bekannt, daß die Bildungs-, besser gesagt, Halbbildungsschichten der Küstenregionen sich etwas auf ihre liberalen und areligiösen Ansichten zugutehalten und daß es um die religiöse Praxis an den Küsten und in den Universitätsstädten nicht eben gut bestellt ist. Die intellektuellen Eliten waren auch für die Lügen der leninistischen Ideologien weitaus empfänglicher als das „gemeine Volk". Und es ist ebenfalls bekannt, daß Serienmörder im Durchschnitt einen deutlich höheren IQ haben als der normale Bürger. Intelligentere Menschen werden also leichter verrückt. Was beweist das? Nicht viel.

Jeder Zusammenhang zwischen Glauben und Bildung sagt uns im Grunde nur sehr wenig darüber, ob es Gott wirklich gibt. Wenn zutrifft, was Jesus sagt, daß nämlich die einfachen und bescheidenen Menschen die wichtigen Wahrheiten leichter sehen als die Gebildeten und Stolzen (vgl. Mt 11,25), dann ist es auch nicht weiter überraschend, daß die Ungebildeten in den Dingen Gottes eine größere Weisheit an den Tag legen als die Mitglieder der Bildungselite. Im Evangelium sehen die Kinder – genau wie in *Des Kaisers neue Kleider* – die Wahrheit deutlicher und genauer als die pedantischen Erwachsenen. Trotz meiner sechzehnjährigen Universitätslaufbahn werde ich immer wieder durch die Einsichten kleiner Kinder und die Weisheit von Männern und Frauen aus meinen gedanklichen Bahnen geworfen, die sehr viel kürzer zur Schule gegangen sind als ich. Das heutige Bildungsestablishment will uns gerne glauben machen, wir wüßten mehr als die früheren Generationen über die Bedeutung des menschlichen Lebens, weil uns eine größere Menge an Informationen zur Verfügung steht. Doch eine Überfülle an Informationen ist noch lange keine Garantie dafür, daß wir auch nur ein Milligramm an echter Weisheit besitzen. Zuweilen scheint es, als sei der gesunde Menschenverstand in der dünnen Luft der Akademien zum Ersticken verurteilt.

Das heißt nicht, daß nicht einige der herausragendsten Geistesgrößen der Geschichte gläubige Menschen gewesen wären. Ein kurzer historischer Überblick genügt, um zu zeigen, daß der religiöse Glaube in allen sozialen Gruppen – auch bei den Intellektuellen – anzutreffen ist. Einige der angesehensten Politiker, Historiker, Künstler, Wissenschaftler, Dichter und Philosophen haben den religiösen Glauben als Ergänzung – und nicht als Gegensatz – ihres beruflichen Strebens empfunden.

Nach meiner Erfahrung hat keine Kaste und keine Weltanschauung ein Monopol auf Dummköpfe. Ich bin unter Christen, Juden, Atheisten und Muslimen borniertén Menschen begegnet, und ebenso war es mir vergönnt, in jeder der genannten Gruppen feingeistige Denker kennenzulernen. Die Pseudogelehrsamkeit und vermeintliche moralische Überlegenheit unserer intellektuellen Eliten kann mich nur wenig beeindrucken. Ehrlichkeit und Fleiß eines einfachen Mannes oder einer einfachen Frau sind mir allemal lieber als die Selbstverliebtheit eines Akademikers. Die wichtigen Wahrheiten des Lebens sind letztlich jedem zugänglich – nicht nur den Klugen dieser Welt.

Vielleicht erinnern sich einige meiner Leser an den 9. Juni 1982, als Mutter Teresa ihre berühmte Rede vor der Fakultät und den Studenten der Harvard University hielt. „Wie wunderbar!" sagte sie. „Wir alle haben Sehnsucht. Wir alle – auch die Ungläubigen – wollen Gott auf diese oder jene Weise lieben. Und wo ist Gott? Wie können wir Gott lieben, ohne ihn zu sehen? Um es uns einfach zu machen, um uns lieben zu helfen, begegnet er selbst uns in den Hungrigen, den Nackten, den Heimatlosen."[4] Ihre Worte, so einfach sie waren, trafen die Zuhörer ins Herz. Die Reaktionen waren überwältigend und gipfelten in stehenden Ovationen. Zuweilen kann auch die Intelligenzija nicht umhin, jemandem die Ehre zu erweisen, der zu wirklicher Weisheit gelangt ist.

Teil II

RELIGION UND GESELLSCHAFT

Nachdem wir uns mit den Angriffen der Kritiker gegen die Religion an sich auseinandergesetzt haben, müssen wir unsere Aufmerksamkeit der Beziehung zwischen Religion und menschlicher Gesellschaft zuwenden. Viele der heftigsten Vorwürfe der Atheisten betreffen die Auswirkungen der Religion auf die öffentliche Ordnung und die Rolle der Gläubigen im Gemeinwesen. Unsere erste Aufgabe wird es also sein, die Anschuldigung der Atheisten zu untersuchen, wonach die Religion der Gesellschaft schadet. Sie behaupten, daß unsere Gesellschaft ohne Glauben und Religion im großen und ganzen gesünder und sicherer wäre. Anders, als man gemeinhin annimmt, so fügen sie hinzu, macht die Religion die Menschen nicht besser. Hält dieser Vorwurf den Tatsachen stand? Wirken sich Religion und Glaube positiv auf das Verhalten der Menschen aus oder nicht?

Ein besonderer Bereich der Kritik betrifft das Verhältnis zwischen Religion und Krieg. Die Atheisten verweisen auf Religionskriege, die viele Jahrhunderte zurückliegen, und auf jüngere religiöse Auseinandersetzungen und erklären, die Re-

ligion habe mehr Todesopfer gefordert als jedes andere Einzelphänomen. Sie versichern uns, daß selbst angeblich ethnische oder nationale Konflikte in gewisser Weise religiös motiviert seien. Diesen Vorwürfen wollen wir auf den Grund gehen. Gibt es eine reale Verbindung zwischen Gewalt und Religion? Ermutigt die Religion die Menschen wirklich, Krieg gegen andere zu führen, oder liefert sie Gründe für Vergebung, Versöhnung und Feindesliebe?

Im Anschluß daran werden wir das Verhältnis zwischen Religion und staatsbürgerlicher Verantwortung untersuchen. Sind gläubige Menschen die besseren Bürger, oder ist Unglaube eine notwendige Voraussetzung für Bürgertugend? Unsere Atheisten behaupten, daß die Religion die Bürger pflichtvergessen mache, weil sie sie auf ein besseres Leben im Jenseits vertröste. Je weiter wir den religiösen Glauben aus dem öffentlichen Bereich herausdrängen können, so ihre Überzeugung, desto stärker und fester wird der soziale Zusammenhalt sein. Wir werden den Wahrheitsgehalt dieser These prüfen und sehen, ob sie den Tatsachen standhält.

Ein vierter Anklagepunkt betrifft die angebliche Sehnsucht der Gläubigen nach dem Weltuntergang. Christopher Hitchens schreibt, daß ein frommer, religiöser Mensch „in Erwartung des Weltuntergangs" steht und ihn sich „offen oder insgeheim" herbeiwünscht.[1] Ist das wahr? Wollen die Gläubigen das Ende der Zeiten wirklich so schnell wie möglich herbeiführen? Wir werden Hitchens' Behauptungen im Licht des christlichen Glaubens und der christlichen Praxis betrachten, um zu sehen, ob sie gerechtfertigt sind.

Als nächstes werden sich unsere Nachforschungen der Beschuldigung zuwenden, es sei Kindesmißhandlung, wenn religiöse Eltern ihre Kinder im Glauben an Gott erziehen. Nach Ansicht unserer Autoren können Kindern irreparable Schäden zugefügt werden, wenn man sie der Religion aussetzt. Was ist zu diesem schweren Vorwurf zu sagen? Machen sich gläubige Eltern wirklich der Kindesmißhandlung schuldig, und sollte man ihnen das Sorgerecht für ihre Kinder entziehen? Wer sollte entscheiden, was Eltern ihren Kindern vermitteln dürfen und was nicht?

Am Ende dieses Teils werden wir einen Blick auf das Recht der Gläubigen werfen, ihren Glauben mit anderen zu teilen. Sollte eine Gesellschaft es den religiösen Menschen erlauben, ihre Überzeugungen aktiv an andere weiterzugeben? Atheisten würden es lieber sehen, wenn die Gläubigen ihren Glauben für sich behielten und die Nichtgläubigen in Ruhe ließen. Ist das eine vernünftige Forderung? Wie beurteilen wir als Gesellschaft das Verhältnis zwischen Religion und Redefreiheit?

Diese sechs Anklagen bilden das Gerüst unserer nächsten Diskussion. Es liegt nun an Ihnen, die Argumente objektiv zu prüfen und zu einem Ergebnis zu gelangen.

7.
SCHADET RELIGION MEHR, ALS SIE NÜTZT?

Christopher Hitchens wirft die Frage auf, ob die Wirkung der Religion unter dem Strich eine positive oder eine negative ist. Obwohl der provokante Untertitel seines Buchs *(Wie Religion die Welt vergiftet)* zu implizieren scheint, daß Religion ausschließlich schädlich ist, darf man vernünftigerweise fragen, worin der Beitrag der Religion zur Gesellschaft denn nun eigentlich besteht.

Statt die religiöse Lehre und ihre Auswirkungen auf die Gesellschaft zu untersuchen, zieht Hitchens es vor, seine Behauptung mit Anekdoten zu belegen. Unter der Überschrift „Sorgt die Religion für besseres Benehmen?" beginnt er sein dreizehntes Kapitel mit einer persönlichen Attacke gegen Dr. Martin Luther King jr. Hat sein christlicher Glaube Dr. King zu einem besseren Menschen gemacht? Hier wendet Hitchens einen zwar cleveren, aber deshalb nicht weniger absurden Kunstgriff an. Ja, Martin Luther King hat im Bereich der Bürgerrechte für die Gesellschaft viel Gutes getan, aber – und das ist der Clou – er war kein Christ. Er mag vielleicht gesagt haben, daß er ein Christ war, und er mag vielleicht auch *gedacht* haben, daß er ein Christ war, aber er war im Irrtum. „Im realen

Sinne", versichert Hitchens, „im Gegensatz zum nominalen, war er somit kein Christ."[1] Durch welchen rhetorischen Taschenspielertrick kommt Hitchens zu dieser Schlußfolgerung? Der einzige Beweis, den er vorbringt, um diese verrückte These zu stützen, ist der, daß King keine Gewalt befürwortete und den Menschen nicht mit der Hölle drohte – also kann er kein echter Christ gewesen sein! Genausogut könnte man sagen, Mr. Hitchens sei kein echter Atheist, weil er zu nett ist.

Was also machen Atheisten aus dem, was das Christentum zur Gesellschaft beigetragen hat? Sie gehen von der Martin-Luther-King-junior-Prämisse aus: Wenn Menschen Gutes getan haben, *können* sie *nicht* gläubig gewesen sein; wenn sie Böses getan haben, *müssen* sie gläubig gewesen sein – auch wenn das Gegenteil hinlänglich bewiesen ist. Und wenn ganz unverkennbar gläubige Menschen etwas Gutes getan haben, dann müssen sie es trotz und nicht wegen ihrer Religiosität getan haben. Damit sind die Karten so verteilt, daß die Religion von Anfang an keine Chance hat.

Hitchens und Konsorten behaupten, sie folgten dem biblischen Grundsatz, man solle den Baum nach seinen Früchten beurteilen, und doch interessieren sie am Baum der Religion nur die verdorbenen und nicht die guten Früchte. Die unzähligen Heiligen, Genies und Wohltäter, die der Glaube der Menschheit geschenkt oder die er hervorgebracht hat, zählen nicht. Hitchens und seinesgleichen verfechten ihre Sache und verschließen dabei die Augen vor den zahllosen Wohltaten, die das Christentum der Welt, wie wir sie heute kennen, erwiesen hat. Was ist mit den Krankenhäusern? Was ist mit den Frauenorden, die sich um die Sterbenden oder um die Erziehung junger Mädchen kümmern? Was ist mit den Suppenküchen und den Waisenhäusern? Was ist mit der Bewahrung und Weitergabe der klassischen Bildung? Statt dessen zählen sie die Dinge auf, die das Christentum *nicht* oder nicht gut genug oder einfach nicht schnell genug gemacht hat, um die Welt zu verbessern!

Mit dieser Pseudomethodologie kann man alles in Mißkredit bringen. Nehmen wir zum Beispiel eine der nützlichsten Disziplinen überhaupt: die Medizin. Stellen Sie sich vor, Sie würden eine Geschichte der größten Fehlgriffe schreiben, die seit Menschengedenken in der Medizin begangen worden sind – von stümperhaften Operationen über den Aderlaß mit Blutegeln und Schädelbohrungen bis hin zu den höllischen Experimenten, die die Ärzte im Nationalsozialismus an Kriegsgefangenen durchführten – und würden Ihre Ergebnisse dann benutzen, um die Medizin als ganzes in Bausch und Bogen zu verdammen. Man denke etwa an das späte 19. Jahrhundert, als skrupellose Quacksalber Hochkonjunktur hatten und die *Medicine Shows* zu Hunderten durchs Land zogen, um die Heilkräfte nutzloser Tränke und Produkte anzupreisen – Dr. Kilmers Sumpfwurzel, Dr. Pierces Nasendusche, Kickapoo Indian Sagwa, Dr. Hercules Canches Oxydonor und wie die Wundermittel alle hießen. Wenn es nun nach Hitchens ginge, müßte man zu dem Ergebnis kommen, daß die Medizin eine heillose Katastrophe für die gesamte Menschheit gewesen ist und alle Ärzte die Guillotine verdient haben! Wenn es aber sowohl gute als auch schlechte

Medizin geben kann, warum dann nicht auch gute und schlechte Religion?

Überdies geben sich diese Autoren bei ihrer Suche nach historischen Belegen für ihre Hypothese sehr wenig Mühe, sich (außer im Fall extremer islamischer Fundamentalisten) etwas gründlicher mit den *heutigen* Lehren und Praktiken der Religionen zu befassen, und verwenden statt dessen Seite um Seite darauf, die Irrtümer, die in den vergangenen Jahrhunderten im Namen der Religion begangen worden sind, anhand der scheußlichsten Beispiele zu schildern, die sie nur finden können. Papst Benedikt XVI. und Papst Johannes Paul II. vor ihm haben immer und immer wieder erklärt, daß Gott und die Religion nicht zur Rechtfertigung von Gewalt herangezogen werden dürfen. Gewalt im Namen der Religion ist eine Abirrung. Aber wo wird das von Hitchens anerkannt?

Hin und wieder vertritt Hitchens die Auffassung, alles, was im Namen der Religion getan worden ist, hätte ebensogut auch im Namen des säkularen Humanismus getan werden können. Die Religion habe also keinen eigenständigen Beitrag geleistet. Hier scheint seine Argumentation jedoch den eigentlichen Kern der Sache zu verfehlen. Menschen *tun sehr wohl* aus religiösen Gründen viel Gutes, das sie sonst nicht täten. Zwar könnten sie auch im Namen des weltlichen Humanismus barmherzig und selbstlos sein, doch es bleibt die Tatsache, daß sie sehr viel häufiger im Namen der Religion barmherzig und selbstlos sind!

Es steht außer Zweifel, daß religiöse Menschen mehr tun könnten, und Hitchens' Vorwürfe rufen uns in die

Pflicht: Wir müssen unser Gewissen eingehend erforschen und unseren Vorsatz erneuern, wieder mit mehr Konsequenz für unseren Glauben Zeugnis abzulegen. Doch eine unvoreingenommene Prüfung der Fakten wird jeden objektiven Beobachter zu der Schlußfolgerung veranlassen, daß die Religion und das Christentum im besonderen eine Quelle des Guten war und nach wie vor ist.

8.

VERURSACHT DIE RELIGION DENN KEINE KRIEGE UND GEWALTTATEN?

Das zweite Kapitel von Christopher Hitchens' Buch trägt den provokanten Titel „Religion tötet". Das ist ein ernster Vorwurf, der eine ernste Antwort verlangt. Tötet „Religion"? Leider geschieht es zu allen Zeiten, daß Menschen einander töten. Wieviel davon ist religiös motiviert? Prozentual gesehen nicht wirklich viel. Werfen Sie einen Blick in die Tageszeitung oder die Abendnachrichten. Nur selten erfährt man darin von einem im Namen der Religion begangenen Mord. Wie oft haben Sie schon davon gehört, daß ein Mensch einen anderen niedergestochen hätte, weil er in der Frage der Rechtfertigung oder der Transsubstantiation mit ihm nicht einer Meinung war?

Die häufigsten Motive für einen Mord sind Habgier, Stolz, Zorn, Rache und alle anderen Arten von Leidenschaften, die den religiösen Menschen ebenso ergreifen können wie den nichtreligiösen. Zwar wird ein gewisses Maß an Gewalt von kriegführenden Gruppen begangen, und die Zugehörigkeit zu einer Religionsgemeinschaft ist in dieser Hinsicht nichts anderes als die Zugehörigkeit zu einem Stamm, einem Clan oder einer Nation. Eine gewisse Feindseligkeit gegenüber denjenigen, die außerhalb der eigenen sozialen Gruppe stehen, ist eine traurige Realität des Menschseins. Die Religion ist gegen dieses Phänomen nicht immun, sie ist aber auch nicht seine Ursache.

Um wirklich eine ernstzunehmende Aussage zu treffen, müßte Hitchens zeigen, daß *die Religion selbst* (und auch hier müßten wir wieder fragen, *welche* Religion) die Menschen zu Mord und Gewalt ermutigt. Diesen Beweis können Hitchens und seine Mitstreiter nicht führen. Tatsache ist, daß heutzutage nur sehr wenige Menschen im Namen der Religion und noch viel weniger *mit dem Segen* der Religion töten. Hier wären die atheistischen Autoren gut beraten, den wichtigen Unterschied zwischen religiöser Praxis und dem *Mißbrauch* von Religion zu erkennen. Im Namen Jesu zu töten ist für einen Christen ganz eindeutig ein Beispiel für letzteres. Die moralischen Lehren Jesu liefern keinerlei Rechtfertigung für die im Namen des Christentums begangenen historischen Verbrechen, im Gegenteil: sie klagen sie in aller Deutlichkeit an. In dieser Hinsicht verfügt das Christentum über ein internes Korrektiv, das die Atheisten nicht haben. Es wäre in der Tat seltsam, wenn Christen sich zur Rechtfertigung ihrer Gewalttaten allen Ernstes auf den Fürst des Friedens berufen wollten! Auch wenn Jesus kein Pazifist war, war er ganz sicher kein Kriegstreiber. Er hat vielmehr gesagt, daß „alle, die zum Schwert greifen (...) durch das Schwert umkommen" werden (Mt 26,52). Jesu Lehre von der Vergebung, der Feindesliebe und der Versöhnung straft Hitchens' Behauptung Lügen, wonach Religion Gewalt rechtfertigt.

Weil Hitchens nicht beweisen kann, daß Religion Gewalt predigt, verallgemeinert er einige wenige sehr spezielle Beispiele. Er verweist auf historische Fälle, in denen nachweisbar religiöse Menschen einander getötet haben, und schließt daraus, daß die Religion an sich tödlich ist. Bücher wie das von Hitchens sind vollgestopft mit schaurigen Anekdoten, die beweisen sollen, welche Greueltaten im Namen der Religion begangen worden sind. Von Bombenanschlägen in Beirut bis hin zu Massakern in Mumbai ersparen Hitchens und seine Kollegen sich und uns kein einziges Detail dieser düsteren Chronik. Doch was beweisen sie damit eigentlich? Niemand leugnet, daß seit der Erschaffung (oder spontanen Entstehung!) der Welt viel Böses – und vieles davon von angeblich religiösen Menschen – getan worden ist. Bedeutet aber die bloße Tatsache, daß Religion für böse Zwecke benutzt werden kann, daß die Religion selbst böse ist? Mit dieser verbogenen Logik müßte man auch zu der Schlußfolgerung gelangen, daß die Wissenschaft, die immer wieder für alle Arten von Teufeleien eingesetzt worden ist (Atombombe, chemische Waffen..., löslichen Kaffee!), ebenfalls böse ist. Oder sollen wir vielleicht die Nationen abschaffen, weil der Nationalismus schon so oft zu den entsetzlichsten Grausamkeiten geführt hat?

Die Tatsache, daß ethnische und nationale Identitäten zuweilen mit einer bestimmten Religionszugehörigkeit zusammenfallen, bedeutet nicht, daß die daraus erwachsenden gewaltsamen Konflikte immer *religiös* motiviert sind. Wir wollen nicht kleinlich sein: ein Teil der Gewalt ist ganz sicher religiös motiviert. Doch wir wären naiv, wenn wir die Behauptung hinnehmen würden, daß es in jedem als „Religionskrieg" ausgewiesenen Konflikt tatsächlich um Religion geht. Viele der sogenannten „Religionskriege" wurden nicht um die Religion, sondern um einander widerstreitende machtpolitische oder territoriale Ansprüche geführt. So kann man zum Beispiel die Kriege zwischen England und Frankreich kaum als Religionskriege bezeichnen, nur weil die Engländer Protestanten und die Franzosen Katholiken waren. Die eigentliche Ursache der Spannungen in Nordirland und auf dem Balkan – vom Mittleren Osten ganz zu schweigen – sind ethnische Rivalitäten. Und die historischen Fakten sprechen dafür, daß familiäre Loyalitäten, Stammeszugehörigkeiten und nationale Bindungen – ebenso wie politische Ideologien – mehr Gewalt hervorgebracht haben als jede theologische Debatte.

In der 2007er Sommerausgabe der *Claremont Review of Books* hat Ross Douthat es auf den Punkt gebracht, als er sich mit Christopher Hitchens' erstaunlicher Hypothese auseinandersetzte, alle Grausamkeiten und Tyranneien der Geschichte hätten immer irgendwie religiöse Wurzeln gehabt. „Wahrscheinlicher ist", schreibt Douthat, „daß der Leser nicht sehr überzeugt sein wird – außer von der selbstverständlichen Wahrheit, daß die Menschen eine zänkische Sippschaft sind, die dazu neigt, sich über alles mögliche zu streiten, und daß nahezu jeder Aspekt der menschlichen Angelegenheiten als machtvoller Antrieb sowohl zu heldenhaften als auch zu beklagenswerten Taten dienen kann."[1] Darauf ein lautes Amen!

Wir wollen realistisch sein. Das bekannteste Beispiel für religiöse Verfolgung in Amerika sind die Hexenprozesse von Salem. So furchtbar diese Ereignisse waren, sind ihnen doch letztlich „nur" etwa fünfundzwanzig Menschen zum Opfer gefallen.[2] Das entschuldigt nichts, aber es stellt doch eine gewisse Verhältnismäßigkeit her. Das beliebteste europäische Beispiel religiöser Niedertracht ist die berüchtigte spanische Inquisition. Die Anzahl der Menschen, die – in den mehreren hundert Jahren ihres Bestehens – von der spanischen Inquisition zum Tode verurteilt worden sind, wird auf drei- bis fünftausend geschätzt.[3] Auch das soll keine Entschuldigung sein, doch wie lange werden sich die Christen noch für ein tragisches historisches Ereignis an die Brust schlagen müssen, das sie von ganzem Herzen verurteilen? Warum sollte man die Religion im allgemeinen oder das Christentum im besonderen noch weiter für Verirrungen verantwortlich machen, die heute niemand mehr billigt und die den Lehren ihres Gründers widersprechen?

Lassen Sie uns dies nun mit den „harmlosen" Exzessen atheistischer Schlächter vergleichen. Wenn wir nur einmal die hundert Jahre zwischen 1900 und 2000 nehmen, dann entdecken wir, daß die Anzahl der im Namen irreligiöser Utopien begangenen Morde sich insgesamt auf deutlich mehr als 100 Millionen beläuft.[4] 100 Millionen Menschenleben, die im Namen eines gottlosen Paradieses willkürlich ausgelöscht wurden. Das ist schlicht und einfach mit nichts zu vergleichen. Zusammen haben Adolf Hitler, Josef Stalin, Mao Zedong und Pol Pot ein Blutbad angerichtet, wie es Torquemada sich nicht einmal hätte träumen lassen, und dabei sind die Missetaten kleinerer atheistischer Tyrannen nicht einmal mit eingerechnet. Geschätzte 61.911.000 kamen im sowjetischen Gulag-Staat ums Leben, 35.236.000 im kommunistischen China, 20.946.000 unter den Nationalsozialisten und 2.035.000 unter den Roten Khmer in Kambodscha.[5] Es ist eine unbestreitbare Tatsache, daß alle Religionen der Welt zusammengenommen *in der gesamten Menschheitsgeschichte* nicht so viele Opfer gefordert haben, wie sie im Namen des Atheismus binnen einiger Jahrzehnte getötet worden sind. Wäre es nicht an der Zeit, daß die Atheisten sich einmal kollektiv für die historischen Untaten entschuldigen, die in ihrem Lager begangen worden sind?

9.
SIND RELIGIÖSE MENSCHEN VERANTWORTUNGSLOSE STAATSBÜRGER?

Jahrhundertelang haben die Feinde der Religion den Vorwurf erhoben, der Glaube an das ewige Leben führe dazu, das Hier und Jetzt zu vernachlässigen. Von Voltaire bis Marx ist wieder und wieder die Beschuldigung vorgebracht worden, die Fokussierung auf eine andere Welt bringe eine unverantwortliche Gleichgültigkeit gegenüber der menschlichen Zivilisation hervor. Von einem Leben nach dem Tod überzeugt, so die Anklage der Atheisten, stünden die Gläubigen dem Leid ihrer Brüder und Schwestern und ihren Bedürfnissen teilnahmslos und untätig gegenüber.

Die Atheisten der jüngeren Zeit sind bereitwillig auf diesen uralten Zug aufgesprungen. Doch auch wenn sie den Vorteil sarkastischer Zitate auf ihrer Seite haben, straft die Geschichte ihre Schlußfolgerungen Lügen. Es mag zwar den Anschein haben, daß die Aussicht auf ein ewiges Leben die Gläubigen veranlassen könnte, die Augen vor dem Schicksal ihrer Mitmenschen zu verschließen – tatsächlich aber ist dies nie der Fall gewesen.

An dieser Stelle müssen wir wieder auf die faktischen Unterschiede zwischen den Religionen verweisen. Noch heute befürworten manche ein theokratisches System, in dem das Gesetz des jeweiligen Landes mit dem übereinstimmt, was man für das Gesetz Gottes hält. Dieses Prinzip steht beispielsweise hinter der islamischen Scharia. In der demokratischen Tradition des Westens, die insbesondere von der christlichen Kultur hervorgebracht worden ist, betrachten wir das Weltliche und das Religiöse jedoch als zwei voneinander getrennte Bereiche. Diese christliche Tradition lehnt die Vorstellung ab, daß der religiöse Glaube eine Frage des Zivilrechts sein sollte, legt jedoch Wert darauf, daß im Strafrecht gewisse moralische Grundlagen festgeschrieben werden. Vergewaltigung, Diebstahl und Mord sind moralische Übel, die von den Religionen verurteilt werden aber auch eine direkte Bedrohung der öffentlichen Ordnung und des Gemeinwohls darstellen.

Atheistische Autoren leiden in diesem Punkt unter einer gewissen kognitiven Dissonanz. Einerseits erklären sie die christliche Präsenz in der Politik als Bedrohung für den Staat und fordern einen ganz und gar säkularen Staat, in dem religiöser Glaube und religiöse Personen keine Rolle spielen. Andererseits beschweren sie sich darüber, daß religiöse Menschen angeblich in anderen Sphären schweben und sich nicht um das Wohl der Gesellschaft und staatsbürgerliche Angelegenheiten kümmern. Was denn nun? Zuviel Engagement oder zu wenig?

Tatsache ist, daß die Christen trotz – oder wegen – ihres Glaubens an das ewige Leben einen guten Grund dafür haben, am Wohl der Gesellschaft interessiert zu sein. Jesus hat zwar eine Rechtfertigung für die Trennung von Kirche und Staat geliefert, als er seine Jünger dazu aufforderte, dem Kaiser zu geben, „was dem Kaiser gehört, und Gott, was Gott gehört" (Mt 22,21), aber die Christen damit keineswegs von ihren staatsbürgerlichen Pflichten entbunden. Denn „dem Kaiser zu geben, was dem Kaiser gehört" bringt eine ganze Reihe öffentlicher Verantwortlichkeiten mit sich, die die Christen nicht auf die leichte Schulter nehmen dürfen und in der Geschichte auch nicht genommen haben. Christen versuchen, die Gesellschaft menschlicher zu gestalten, indem sie Gesetze einbringen, die die wahre Würde der menschlichen Person respektieren.

Seit der Gründung des Christentums wurden die Christen als eine Bedrohung des römischen Staates gesehen, und das nicht, weil sie unmoralische Lehren verbreitet hätten, sondern weil sie eine moralische Autorität anerkannten, die dem weltlichen Statthalter neben- und übergeordnet war. Mit anderen Worten: Sie stellten den Absolutismus des Staates, der im Altertum gang und gäbe war und in den totalitaristischen Systemen des vergangenen Jahrhunderts wiederaufgelebt ist, in Frage. Die Christen waren durchaus bereit, „dem Kaiser zu geben, was dem Kaiser gehört", aber sie waren ebenso verpflichtet, „Gott zu geben, was Gott gehört", auch wenn sie dafür leiden mußten, weil sie politische Strukturen hinterfragten und für wahre Gerechtigkeit eintraten.

Nehmen wir eine hypothetische Situation. Sagen wir einmal, Sie wären ein typischer säkularer Humanist, der glaubt, daß Gott nicht existiert, daß mit dem Tod alles zu Ende ist und daß der Mensch nichts anderes ist als ein Klumpen Materie, der sich einfach nur ein bißchen weiter entwickelt hat als der Zwergbarsch. Vielleicht sind Sie von

Natur aus ein mitfühlender Mensch und behandeln Ihresgleichen gut – wenn Ihnen danach ist. Wenn nicht, dann nicht, denn Sie wissen ja, daß es am Ende *nicht darauf ankommt*. Und nun stellen wir uns vor, Sie wären ein Christ. Vielleicht sind Sie von Natur aus nicht besonders menschenfreundlich und achten wenig auf die Bedürfnisse anderer, aber Sie sind davon überzeugt, daß Sie nach Ihrem Tod an Ihren Taten gemessen werden und daß Sie alles, was Sie – zum Beispiel im Hinblick auf seine materiellen Bedürfnisse – dem Geringsten Ihrer Brüder getan haben, Ihrem Herrn selbst getan haben (vgl. Mt 25,31–46). Welche dieser beiden hypothetischen Personen – der säkularistische Sam oder der gläubige Chris – wird sich wohl eher der Bedürftigen annehmen? Welcher der beiden ist eher bereit, sich für eine wahrhaft menschliche Gesellschaft einzusetzen? Jetzt sind Sie gefragt.

10.
VERSUCHEN DIE GLÄUBIGEN, DAS ENDE DER WELT ZU BESCHLEUNIGEN?

Eine von Christopher Hitchens' besonders absurden Unterstellungen ist die, religiöse Menschen seien deswegen gefährlich, weil sie das Ende der Welt herbeiführen wollten. Geben Sie ihnen die Zügel der Gesellschaft in die Hand – so wird suggeriert –, und sie kutschieren uns auf dem schnellsten Weg in den Armageddon hinein. Gläubige haben nicht nur keine Angst vor dem Untergang, sie würden ihn am liebsten selbst auslösen.

Diese Sorte von apokalyptischen Szenarien ist ein Stoff für Drehbücher. Vielleicht erinnern Sie sich an den 1990 herausgekommenen Film *Jagd auf Roter Oktober,* der auf dem gleichnamigen Roman von Tom Clancy basiert. Darin plant ein sowjetischer U-Boot-Kapitän namens Marko Ramius (gespielt von Sean Connery), überzulaufen und sein U-Boot den Vereinigten Staaten zu übergeben. Er hat jedoch eine Schwäche für apokalyptische Literatur, und da man zudem weiß, daß er den Tod seiner Frau bis heute nicht verwunden hat, fragen sich Beobachter, ob er nicht vielleicht etwas Schlimmeres im Schilde führt. Das, wie gesagt, ist ein brauchbarer Stoff für einen Film, aber wohl kaum ein ernstzunehmendes Portrait eines typischen Gläubigen.

Wie bei so vielen von den Atheisten vorgebrachten Beschuldigungen genügt ein flüchtiger Blick auf die Geschichte, um Hitchens' Voreingenommenheit zu beweisen. Haben religiöse Staatsoberhäupter, die es im Lauf der Jahrhunderte zur Genüge gegeben hat, etwa je ein solches fanatisches „Weltzerstörungssyndrom" an den Tag gelegt? Hitchens führt kein einziges Beispiel an. Liegt das daran, daß er sich nicht entscheiden konnte, welches unter den vielen er wählen sollte, oder daran, *daß es keine gibt?* Jedenfalls beschränkt er sich darauf, seine Anspielungen vorzubringen und dann zum nächsten Thema überzugehen.

Zwar habe ich keinen Zweifel daran, daß gewisse verwirrte Gemüter sich tatsächlich nach dem Weltuntergang sehnen. Psychologische Defekte kommen in jeder Form, Größe und Farbe vor. Aber hat das irgend etwas mit Religion zu tun? Die Tatsache, daß ein Verrückter sich für Napoleon, Charles de Gaulle oder Jesus Christus hält, macht seine Krankheit noch lange nicht zu einem religiösen Symptom. Wenn es eine Religion gäbe, die sich offen dafür ausspricht, das Ende der Welt herbeizuführen, dann, da stimme ich zu, sollte man sich ihr widersetzen. Aber indem er Beispiele wie den Apostel Paulus und den Evangelisten Johannes anführt, suggeriert Hitchens, dies sei ein typisches Kennzeichen des Christentums. Das ist nicht nur nachweislich falsch, sondern absurd.

Hitchens schreibt, der Apostel Paulus habe gehofft „die Zeit der Menschheit neige sich dem Ende zu".[1] Natürlich belegt er diese Behauptung nicht mit Zitaten (denn die gibt es nicht), damit man ihm seine Tatsachenverdrehung nicht direkt nachweisen kann. Wer zu einem etwas differenzierteren Denken in der Lage ist, wird rasch einsehen, daß es nicht dasselbe ist, ob Menschen *glauben,* daß die Welt eines Tages untergeht, ob sie *versuchen,* auf eine solche Eventualität *vorbereitet zu sein,* oder ob sie sie *aktiv herbeiführen wollen.* Ich kann hier nicht für alle Religionen sprechen, aber ich kann mit absoluter Sicherheit sagen, daß das Christentum jeden Versuch, die Zerstörung der Welt zu beschleunigen, uneingeschränkt verurteilen würde.

Eine Analogie bietet uns der Blick auf das christliche Verständnis von ihrem eigenen Leben. Christen glauben, daß es im Himmel besser ist als auf der Erde und daß man den Tod daher nicht fürchten muß. Wenn man nun so argumentiert wie Hitchens, dann müßten die Christen dem Tod entgegeneilen wie eine Herde Lemminge, die hastig dem nächsten Kliff entgegeneilt, um sich in die Tiefe zu stürzen. Doch das geschieht nicht. Anders als Atheisten verurteilen Christen den Selbstmord als schwere Sünde. Sich darauf zu freuen, daß man zu dem *von Gott bestimmten Zeitpunkt* in das ewige Leben eingeht, ist etwas vollkommen anderes als diesen Zeitpunkt gewaltsam herbeizuführen. Ersteres wird von den Christen erwartet; letzteres ist ihnen verboten. Im Gegensatz zu den Atheisten vertreten die Christen die heilsame Überzeugung, daß Gott der Herr über die Welt und über ihr Leben ist – und nicht sie selbst.

11.
IST RELIGIÖSE ERZIEHUNG EINE FORM VON KINDESMISSHANDLUNG?

Einer der verstörendsten Vorwürfe, die Harris, Dawkins und Hitchens in ihren Büchern erheben, ist der, daß religiöse Erziehung von Kindern eine Form der Kindesmißhandlung ist. Hitchens schreibt, daß unzählige Kinder „infolge der Zwangsindoktrination durch den Glauben psychisch und physisch irreparable Schäden davongetragen haben."[1] Und Richard Dawkins stellt die rhetorische Frage: „Aber ist es nicht (...) immer eine Form der Kindesmißhandlung, wenn man behauptet, die Kinder besäßen einen Glauben, über den sie mit ihrem geringen Alter überhaupt nicht nachgedacht haben können?"[2]

Dieser Vorwurf ist in mehrfacher Hinsicht zutiefst erschütternd.

Zunächst einmal verharmlost er die wirkliche Kindesmißhandlung. Mein Religionsunterricht in der siebten Klasse war sicher kein Zuckerschlecken, aber er kann einfach nicht mit der echten physischen und psychischen Gewalt verglichen werden, die viele Kinder überall in der Welt heute erleiden. Ein solcher Vergleich beleidigt das wirkliche Leiden anderer auf unerträgliche Weise. Wie können Atheisten religiöse Erziehung allen Ernstes mit Elektroschocks, sexuellen Übergriffen und gebrochenen Knochen gleichsetzen, die häufig das reale Los mißhandelter Kinder sind? Mir ist schon klar, daß die Übertreibung ein legitimes Stilmittel ist, aber es gibt doch gewisse Grenzen des allgemein Erlaubten.

Zweitens: Wenn man Hitchens und Konsorten wörtlich nimmt, dann müßte religiöse Erziehung illegal sein. Sagen wir es geradeheraus: Kindesmißhandlung ist immer und überall eine Straftat. Wenn es Kindesmißhandlung ist, den Kindern von einem guten und liebenden Gott zu erzählen, dann müßte auch das unter Strafe gestellt werden. In *Der Gotteswahn* schreibt Richard Dawkins, man habe ihn einmal um seinen Kommentar zu den publik gewordenen Fällen von Kindesmißbrauch durch katholische Priester gebeten. Er antwortete, „sexueller Mißbrauch sei zweifellos etwas Entsetzliches, aber der dadurch verursachte langfristige psychische Schaden sei nachweislich geringer als der, den eine katholische Erziehung anrichte."[3] Mir läuft es bei dieser Aussage kalt den Rücken hinunter. Wenn man Dawkins' Logik folgt, dann ist eine katholische Erziehung ein strafwürdiges Verbrechen, weil sexueller Kindesmißbrauch es auch ist. Gott sei Dank hat Dawkins einen Lehrstuhl in Oxford und ist nicht in der Gesetzgebung tätig. Denn sonst säßen meine lieben Eltern vielleicht schon hinter Gittern.

Das Erschreckendste schließlich an diesem Vorwurf der Kindesmißhandlung ist aber vielleicht der Etatismus der Autoren, der sich dahinter verbirgt. Die einzige Alternative zu einer von den Eltern kontrollierten Erziehung ist eine staatlich kontrollierte Erziehung. Vernünftige Leute sind zu dem allgemeinen Konsens gekommen, daß Eltern üblicherweise das Beste für ihre Kinder wollen und damit besser als jeder andere geeignet sind, sie zu erziehen. Kindern ergeht es bei ihren Eltern fast immer besser als bei anderen Menschen, und in den meisten zivilisierten Gesellschaften ist ein eklatanter Fall von Vernachlässigung oder Mißbrauch nötig, um die Kinder – mit gutem Grund – der Obhut ihrer Eltern zu entziehen. Es hat – beispielsweise in der Sowjetunion – Versuche gegeben, ein homogenes, radikal säkularistisches Erziehungsmodell durchzusetzen. Für den Fall, daß dieses Kapitel der jüngeren Geschichte einigen Atheisten entgangen sein sollte: Es hat nicht besonders gut funktioniert.

Wer sähe es nicht gerne, wenn die Kinder anderer Leute mit seinen eigenen Werten und Überzeugungen aufwüchsen? Wenn wir ehrlich sind, wäre es uns vermutlich fast allen lieber, wenn wir unsere eigenen Prioritäten an die Jugend weitergeben könnten, weil wir davon überzeugt sind, daß die Welt dann ein sehr viel besserer Ort wäre. Und was die Religion betrifft, so würden sich zweifelsohne viele Christen dafür aussprechen, alle Kinder christlich zu erziehen; viele Juden würden sich zweifelsohne dafür aussprechen, alle Kinder jüdisch zu erziehen, und es gibt hinreichend Literatur, die belegt, daß Atheisten sich dafür aussprechen, Kinder in einer Welt ohne Gott großwerden zu lassen. Doch so laufen die Dinge nun einmal nicht. Derartige pädagogische Machtspiele schmecken nach Totalitarismus, und das wollen wir alle nicht. Einige Eltern bringen ihren Kindern schlichtweg Blödsinn bei, aber das ist unvermeidlich. Innerhalb der gebührenden Grenzen ist Freiheit unantastbar – und das gilt auch für die elterliche

Freiheit. Echte Kindesmißhandlung überschreitet diese gebührenden Grenzen; der aufrichtige Glaube an einen liebenden Gott tut dies nicht.

Hitchens' Zensur der religiösen Erziehung erstreckt sich auch auf die moralische Erziehung, soweit sie nicht mit seiner eigenen, recht speziellen Moral übereinstimmt. Ein Beispiel für „Kindesmißhandlung" liegt nach Hitchens' Verständnis bizarrerweise auch vor, wenn Eltern ihren Kindern beibringen, daß Abtreibung moralisch falsch ist. Hitchens befürwortet Abtreibung als eine Form der Geburtenkontrolle, die zulässig ist, wenn andere Methoden fehlgeschlagen sind (er bezeichnet die Abtreibung als „zweitbeste Lösung"), und ist der Ansicht, daß andere dies genauso sehen sollten.[4] Er hat also kein Problem damit, wenn Eltern ihren Kindern beibringen, daß Recycling gut und Rauchen schlecht ist, betrachtet jedoch die moralische Unterweisung in puncto Abtreibung als Kindesmißhandlung. Langsam wird ein Muster erkennbar. Alle Eltern, die ihrem Kind nicht Hitchens' spezielle Weltanschauung vermitteln, mißhandeln es.

Natürlich kann man jede gute Lektion auf übertrieben drakonische Weise erteilen, und das Ergebnis ist häufig das Gegenteil von dem, was man sich erhofft und beabsichtigt hat. Ein Kind, das niemals auch nur einen Groschen ausgeben darf, wird mit zunehmender Unabhängigkeit vielleicht gegen diese strenge Erziehung rebellieren und als Erwachsener ein Verschwender werden. Wer als Kind immer zu Hause bleiben mußte, wird später vielleicht ein rastloser Globetrotter. Leider kann dies auch mit der Religion geschehen: Kinder, deren religiöse Erziehung ihnen den Glauben in einem strengen und düsteren Licht erscheinen läßt, lehnen ihn später häufig ab. Doch im Fall der Religion ist die Tragödie einer solchen Erziehung doppelt schmerzhaft: Das Kind wächst nicht nur unterdrückt und unglücklich auf, sondern verwehrt sich selbst auch die Chance auf eine Beziehung zu Gott und damit auf ein wirklich erfülltes Leben – und das alles wegen eines lieblosen Erziehungsansatzes.

Ich möchte diesen Teil mit einer persönlichen Geschichte enden lassen. Vor fünf Jahren freundete ich mich mit einer jungen Frau namens Carol an, die in einem gottlosen Elternhaus aufgewachsen war. Ihre Eltern gehörten zur 68er-Generation, die glaubte, daß die Kinder sich über Gott „ihre eigene Meinung bilden" und nicht mit dem Glauben ihrer Eltern indoktriniert werden sollten. Da sie selbst nicht gläubig waren, gaben sich Carols Eltern natürlich auch keine Mühe, ihrer Tochter religiöse Überzeugungen zu vermitteln.

Als Carol Anfang zwanzig war, begann sie sich mit dem christlichen Glauben zu beschäftigen, den ihre Eltern abgelehnt hatten. Sie war neidisch auf ihre Freunde, die eine Art Katechese erhalten hatten und die Grundlagen ihres Glaubens besser kannten als sie. Der Ausdruck, den sie verwendete, traf mich damals sehr hart. Carol sagte, sie habe sich von ihren Eltern um ihren Glauben „betrogen" gefühlt. All diese Jahre hätte sie gläubig sein können, wußte aber nichts von Gott, weil ihre Eltern ihr nichts von ihm erzählt hatten. Nun war sie entschlossen, das Versäumte nachzuholen.

Wer mißhandelt seine Kinder wirklich: Eltern, die ihren Glauben mit ihnen teilen, oder Eltern, die ihnen den Glauben vorenthalten?

12.
SOLLTE ES GLÄUBIGEN MENSCHEN ERLAUBT SEIN, IHREN GLAUBEN WEITERZUGEBEN?

Atheisten mißbilligen es, wenn Gläubige versuchen, andere von der Existenz Gottes zu überzeugen. In *Der Herr ist kein Hirte* erklärt Christopher Hitchens, er erwarte von den Gläubigen einfach nur, „daß sie mich auch in Ruhe lassen". Doch dies scheint unmöglich. Die Religion „muß", so Hitchens, „versuchen, sich in das Leben der Nichtgläubigen, Häretiker oder Anhänger anderer Glaubensrichtungen einzumischen". Er sagt, der wahre Gläubige finde „erst Ruhe, wenn die ganze Welt das Knie gebeugt hat", und beteuert sogar, daß jeder, der sich weigert, die religiöse Autorität anzuerkennen, für die Frommen „das Recht auf Leben verwirkt hat."[1] Dieses Crescendo von Anklagepunkten konzentriert sich vor allem auf die Hartnäckigkeit, mit der gläubige Menschen versuchen, ihren Glauben mit anderen zu teilen und sie von ihrer Wahrheit zu überzeugen.

Erlauben Sie mir an dieser Stelle eine Frage: Warum hat Christopher Hitchens sein Buch *Der Herr ist kein Hirte* geschrieben? Wollte er seine Leser nicht davon überzeugen, daß Gott nicht existiert? Versucht Hitchens nicht,

RELIGION UND GESELLSCHAFT

sich in das Leben der Gläubigen einzumischen? Will er nicht die ganze Welt an seinem aufgeklärten Zustand teilhaben lassen? Hitchens behauptet, das einzige, was er von den Gläubigen verlange, sei Gegenseitigkeit – und damit meint er, daß sie ihn in Ruhe lassen sollen. Man kommt jedoch nicht umhin sich zu fragen, wie jemand ein dreihundert Seiten starkes Pamphlet gegen die Religion verfassen und gleichzeitig allen Ernstes versichern kann, er lasse die Gläubigen in Ruhe. Der Eindruck, den man gewinnt, wenn man sein Werk gelesen hat, ist der, daß Mr. Hitchens in seinem atheistischen Proselytismus ebenso eifrig ist wie der glühendste Bibelprediger in dem seinen. Warum sollten Gläubige nicht dasselbe Recht haben, ihre Weltanschauung zum Ausdruck zu bringen, wie Christopher Hitchens?

Doch lassen Sie uns einen Moment innehalten und uns selbst fragen, weshalb Gläubige – und wieder spreche ich in erster Linie von Christen – versuchen, andere für ihre Religion zu gewinnen oder zu *evangelisieren*. Liegt dies, wie Hitchens schreibt, am Wesen der Religion, die zwanghaft bestrebt ist, sich auszubreiten? Oder könnte es vielleicht ein *vernünftiges* und sogar *edles Motiv* dafür geben, seinen eigenen Glauben weiterzugeben? Es ist durchaus möglich, daß manche dies aus unehrenhaften Motiven tun. Manche wollen vielleicht einfach nur den Einfluß ihrer jeweiligen Bewegung oder Gemeinschaft vergrößern. Doch ich selbst habe die Erfahrung gemacht, daß sehr viele Gläubige ihren Glauben weitergeben wollen, weil sie davon überzeugt sind, einen wunderbaren Schatz zu besitzen. Sie lassen andere an einer Botschaft teilhaben, die ihr eigenes Leben zum Besseren hin verändert hat. Sie glauben, daß sie durch die Weitergabe des Glaubens anderen ein Geschenk machen.

Wenn Sie ein Mittel gegen Krebs oder gegen AIDS entdecken würden, was würden Sie als erstes tun? Sie würden Ihre Entdeckung ganz bestimmt der medizinischen Welt mitteilen, damit dieses Mittel möglichst bald möglichst vielen Menschen zur Verfügung gestellt werden könnte. Sie würden sich dafür einsetzen, daß Ihre Forschungsergebnisse in einer medizinischen Zeitschrift veröffentlicht und im Fernsehen publik gemacht würden. Es wäre sogar verantwortungslos, dies nicht zu tun. Nun sind aber die Christen davon überzeugt, daß sie nicht nur ein Mittel gegen Krebs entdeckt haben, sondern daß ihnen eine überwältigende Wahrheit von ewiger Bedeutung geoffenbart worden ist: Gott liebt uns und sendet uns seinen einzigen Sohn, um uns zu erlösen. Diese Wahrheit nicht weiterzugeben, wäre sträflicher Leichtsinn!

Ich wende mich entschieden gegen Christopher Hitchens' Grundaussage, aber ich unterstütze von ganzem Herzen sein Recht, seine Meinungen zu äußern. Dankenswerterweise lädt unsere demokratische, jüdisch-christliche Zivilisation uns dazu ein, andere mit Respekt zu behandeln, auch wenn wir nicht mit ihnen übereinstimmen. Auch wenn ich mit den Zeugen Jehovas, die so oft an meine Tür klopfen, nicht einer Meinung bin, gibt mir das nicht das Recht, sie mit einem Stock fortzujagen. Als Gesellschaft glauben wir an einen friedlichen Diskurs und an das Recht jeder Person, sich innerhalb vernünftiger Grenzen zu äußern. Man fragt sich, weshalb Hitchens religiösen Menschen diese Rechte, die sie ihm umgekehrt zugestehen, aberkennen will.

In einem im Oktober 2007 mit CNBC geführten Interview wagte es die christliche Schriftstellerin Ann Coulter zu sagen, sie glaube, die Welt wäre ein besserer Platz, wenn alle Menschen Christen wären. Sie sagte auch, sie glaube, daß Juden, die Jesus als ihren Erlöser anerkennen, „vervollkommnet" würden.² Sofort brach ein Sturm der Entrüstung aus, die teilweise an Hysterie grenzte. Abe Foxman, der Direktor der *Anti-Defamation League,* warf Coulter Antisemitismus vor,³ und andere gingen so weit zu sagen, ihre Worte würden zu einem zweiten Auschwitz führen. Paradoxerweise war es Dennis Prager, ein jüdischer Schriftsteller und Lektor, der ihr unverzüglich zu Hilfe eilte. Es lohnt sich, ihn hier im Wortlaut zu zitieren:

> Als praktizierender Jude stimme ich mit Ann Coulters theologischen Ansichten ebensowenig überein wie die, die sie jetzt angreifen. Doch ich kann auch nicht sagen, daß sie oder ihre Überzeugungen mich beleidigen oder mir Angst einjagen. Sie glaubt, daß das Christentum besser ist als das Judentum. Ja und? Was ist daran anders, als wenn Liberale glauben, daß der Liberalismus wahrer und moralisch besser ist als der Konservatismus? Oder wenn Konservative denken, ihre Werte seien den liberalen Werten überlegen?
>
> Liberale glauben nicht nur, daß Konservative in philosophischer Hinsicht unvollkommen sind, sie glauben auch oft, Konservative seien schlechte Menschen (...) Liberale streben mindestens ebenso nach einer Welt ohne

Konservative, wie die gläubigsten Christen nach einer Welt ohne Nichtchristen streben. Mit dem Unterschied, daß die Aussichten vieler Liberaler, anderen ihre Sicht der Dinge aufzuzwingen, sehr viel besser sind als die der christlichen Amerikaner.[4]

Genau das ist es, was mich an den Äußerungen von Hitchens und seinesgleichen so erschreckt. Zivile Nichtübereinstimmung ist ein wesentlicher Bestandteil einer freien Gesellschaft. Solange er friedlich und respektvoll geführt wird, bildet der öffentliche Diskurs über wichtige Themen – wie die Religion – einen unverzichtbaren Stützpfeiler des demokratischen Systems. Die Redefreiheit jedoch zu ächten, sobald wir mit den Meinungen der anderen nicht einverstanden sind, ist ein Kennzeichen des Totalitarismus. Wer ist nun der Gefährliche?

Teil III
GLAUBE – WISSENSCHAFT – VERNUNFT

Einer der am weitesten verbreiteten Einwände gegen den religiösen Glauben ist heutzutage seine angebliche Unvereinbarkeit mit wissenschaftlichen Erkenntnissen. Das Zeitalter der Wissenschaft solle das Zeitalter der Religion ablösen, weil es die natürliche Welt, in der wir leben, besser erkläre. Wir, so die Theorie, „brauchen" Gott nicht mehr, weil wir inzwischen wissen, wie die Dinge wirklich sind. Mehr noch, die Religion sei irrational und basiere nicht auf Beweisen, sondern auf Unwissenheit.

Wir werden diesen Einwand in seine Teile zerlegen, um vollständiger darauf reagieren zu können. Zuerst werden wir uns mit der Behauptung befassen, die Wissenschaft habe Gottes Nichtexistenz bewiesen. Im Namen von Wissenschaft und Vernunft bringen unsere Autoren, was die Nichtexistenz Gottes betrifft, eine dogmatische Gewißheit zum Ausdruck. Wie sind sie zu dieser absoluten Sicherheit gelangt? Hat die Wissenschaft den letzten Nagel in den Sargdeckel der Religion getrieben, oder ist die atheistische Gewißheit vielleicht selbst ein irrationaler Glaube?

Als nächstes wollen wir die Kritik der Atheisten untersuchen, wonach die Bibel den Ursprung der Welt und der Menschheit ganz falsch darstellt. Nach Ansicht der Herren Hitchens, Dawkins und Harris hat die Wissenschaft bewiesen, daß das christliche Schöpfungsverständnis falsch ist; also könne man es nur aufrechterhalten, wenn man die Augen vor den wissenschaftlichen Tatsachen verschließe. Was genau sagt die Bibel darüber aus, woher wir kommen? Widerspricht sie den Funden der Paläontologie und den Entdeckungen der Evolutionsbiologie? Muß man sich zwischen dem biblischen Glauben und der Wissenschaft entscheiden, oder gibt es eine Möglichkeit, sie miteinander in Einklang zu bringen?

Diese Diskussion führt uns zum nächsten Einwand der Atheisten: Das Christentum ist wissenschaftsfeindlich. Den genannten Autoren zufolge hat das Christentum immer versucht, die wissenschaftliche Forschung zu behindern, weil ihre Erklärung der Wirklichkeit mit der seinen konkurriert. Religion ist ein Machtspiel, und man muß die Menschen in Unwissenheit halten, um Autorität über ihr Leben auszuüben. Hält dieser Vorwurf den historischen Fakten stand? Ist das Christentum wirklich wissenschaftsfeindlich? Schließen die beiden einander aus?

Die Atheisten erklären ferner, daß aufgrund dieser Unvereinbarkeit von Wissenschaft und Religion alle echten Wissenschaftler Atheisten oder zumindest Agnostiker sind. Man kann, so sagen sie, im Labor keine wissenschaftliche Weltanschauung aufrechterhalten, ohne sich zuerst von seiner religiösen Weltanschauung verabschiedet zu haben. Was sagen uns die Fakten in diesem Fall? Sind wirklich alle Wissenschaftler Atheisten? Und führen diejenigen, die ihren Glauben vielleicht noch nicht aufgegeben haben, wirklich ein Leben voller Widersprüche?

Schließlich werden wir die Behauptung der Atheisten überprüfen, der religiöse Glaube sei schlichtweg irrational. Nach Ansicht mehrerer Autoren ist der Atheismus die einzig vernünftige Wahl, denn nur er respektiere die Ergebnisse einer ehrlichen und unvoreingenommenen Erforschung der Tatsachen und sei nicht an Doktrinen und Dogmen gebunden. In diesem Zusammenhang wollen wir ergründen, ob man, um gläubig zu sein, der Vernunft den Laufpaß geben muß oder ob Glaube und Vernunft harmonisch ineinandergreifen. Erstickt der Glaube die Vernunft, oder bereichert und vervollständigt der Glaube unser empirisches Wissen von dieser Welt? Das sind die Fragen, die es zu beantworten gilt. Fangen wir also an!

13.

HAT DIE WISSENSCHAFT BEWIESEN, DASS GOTT NICHT EXISTIERT?

Ein gemeinsames Kennzeichen aller atheistischen Autoren ist ihre dogmatische Sicherheit, daß Gott nicht existiert. Sie distanzieren sich bewußt von den Agnostikern, die die Existenz Gottes lediglich *bezweifeln,* und beziehen ihre Stellung unverrückbar im Territorium antitheistischer Gewißheit. So signalisiert Richard Dawkins zum Beispiel eine unterschiedslose Aufgeschlossenheit für praktisch *alles* einschließlich der Existenz anderer Universen und intelligenten Lebens innerhalb unseres eigenen Universums, zeigt sich jedoch, was seine Überzeugung von der Nichtexistenz Gottes betrifft, denkbar unnachgiebig. Dawkins, Hitchens, Dennett und Harris sind sich einig: Die „Gotteshypothese" ist ein für allemal zu den Akten gelegt.

In Anbetracht dieser unerschütterlichen Gewißheit sollte man erwarten, die Atheisten hätten zweifelsfreie Beweise dafür gefunden, daß Gott ein Schwindel ist. Aber ist das der Fall? Hat es irgendeinen wissenschaftlichen Durchbruch gegeben, der bewiesen hätte, daß Gott nicht existiert? Hat jemand ein „Gottesgen" entdeckt, daß für die kollektive Phantasievorstellung von der Existenz Gottes verantwortlich ist? Natürlich nicht. Die Aufgeblasenheit, mit der die Rhetorik der Atheisten daherkommt, steht in keinem Verhältnis zu der Dürftigkeit ihrer „wissenschaftlichen" Argumente für die Nichtexistenz Gottes. Trotz ihrer Beteuerungen, wir dürften nun endgültig sicher sein, daß Gott nicht existiert und daß die organisierte Religion ein Betrug ist, bleibt die Tatsache, daß ihre Hauptargumente gegen die Existenz Gottes so tragfähig sind wie ein Kartenhaus.

Der ernsthafteste Versuch, die Nichtexistenz Gottes zu beweisen, ist der des Evolutionsbiologen Richard Dawkins. Um diese herkulische Aufgabe zu bewältigen, verwandelt Dawkins die Gottesfrage in ein wissenschaftliches Thema. Die schärfste Kritik, die die Rezensenten – Gläubige wie Nichtgläubige – einhellig gegen Dawkins geäußert haben, richtete sich gegen die Tollkühnheit, mit der er in ein Gebiet vorstößt, das völlig außerhalb seiner Kompetenzen liegt. Statt über die Evolutionsbiologie zu schreiben, mit der er sicherlich bis zu einem gewissen Grad vertraut ist, beschloß er, ein Buch über Religion zu verfassen, und behauptete gleichzeitig, in diesem Buch gehe es um Wissenschaft. Und während er so vor sich hin grübelt und sich mit der Existenz Gottes befaßt, stellt Dawkins fest: „Entweder Gott existiert, oder er existiert nicht. Es ist eine wissenschaftliche Frage."[1] Einige Seiten weiter fügt er hinzu, daß „die Gegenwart oder Abwesenheit einer schöpferischen Überintelligenz eindeutig eine wissenschaftliche Frage" ist.[2]

Dawkins hat ein ebensolches Recht wie jeder andere auch, seine Meinung im Hinblick auf die Existenz Gottes zu äußern. Das Problem ist nur, daß er darauf besteht, sich als Wissenschaftler zu äußern, als ob ihm dies in Fragen der Religion irgendeine besondere Kompetenz gäbe. Unglücklicherweise hat die Wissenschaft, wenn es um spirituelle Wirklichkeiten geht, keinerlei Aussagekraft. Dawkins versucht, dieses nicht ganz unerhebliche Hindernis zu überwinden, indem er Gott auf eine Größe bringt, mit der die Wissenschaft umgehen kann. Als überzeugter Materialist schließt Dawkins die Existenz nichtmaterieller Wesen *a priori* aus. Um zu existieren – so Dawkins' Prämisse – muß Gott sich wie jedes andere natürliche Wesen den Gesetzen des Universums unterwerfen. Deshalb muß er beobachtbar sein. Dawkins behandelt Gott, als wäre er ein meßbares Phänomen wie die Lichtbrechung oder der Dopplereffekt. Und so kommt er zu dem logischen Schluß, daß „die Gottesfrage nicht prinzipiell und für alle Zeiten dem wissenschaftlichen Zugriff entzogen ist."[3]

Letztlich beruht Dawkins' „wissenschaftliche" Erklärung der Nichtexistenz Gottes auf einem Wahrscheinlichkeitsargument. Da er zutreffend einsieht, daß die Wissenschaft nicht beweisen kann, daß etwas *nicht* existiert, stützt er sich auf das Argument der statistischen Unwahrscheinlichkeit, „the big one", wie er es nennt, auf das seine gesamte übrige Darlegung zugeschnitten ist. Dennoch erweisen sich seine Schlußfolgerungen als zutiefst enttäuschend – vor allem, nachdem er so enorme Erwartungen aufgebaut hat. Obwohl er sein Argument wissenschaftlich untermauert, ist es letztlich doch nicht mehr als ein philosophischer Trugschluß.

Dawkins' Argument liest sich folgendermaßen: „Das Gebilde, das man durch die Berufung auf einen Gestalter erklären will, mag noch so unwahrscheinlich sein, der Gestalter selbst ist es mindestens ebenso."[4] Mit anderen Worten, da der Schöpfer seiner Schöpfung in puncto Komplexität und Intelligenz immer überlegen sein müßte, wäre Gott immer noch unwahrscheinlicher als die komplexeste und unwahrscheinlichste aller Kreaturen. Wenn es also eine Skala für die Komplexität existierender Wesen gäbe, so müßte Gott an ihrer Spitze stehen.

Man muß nicht lange nachdenken, um zu sehen, daß man im Zusammenhang mit Gott nicht von *Wahrscheinlichkeit* sprechen kann, denn Wahrscheinlichkeit ist eine Eigenschaft zufälliger Wesen, und Gott wird als notwendiges Wesen gedacht. Wahrscheinlichkeit bezieht sich auf die relative Möglichkeit, daß ein Ereignis eintreten wird, wie sie sich im Verhältnis zwischen der Anzahl der *tatsächlichen* und der Anzahl der *möglichen* Eintritte ausdrückt. Je nach statistischer Regelmäßigkeit seines Eintretens ist etwas wahrscheinlich oder unwahrscheinlich. Gott aber funktioniert nicht auf diese Weise. Er ist kein Ereignis, daß nach einer höchst unwahrscheinlichen Verkettung ursächlicher Bedingungen „herauskommt". Gott wird im Vergleich zur geschaffenen Welt so postuliert, daß er wesentlich anders ist als sie, wesentlich vor ihr da war und wesentlich über ihr steht. Gott existiert, oder er existiert nicht – aber mit Wahrscheinlichkeit hat das nichts zu tun.

Mit Fug und Recht kann der Begriff der Wahrscheinlichkeit hingegen benutzt werden, wenn es darum geht, die Wahrscheinlichkeit von Phänomenen wie dem Auftreten von Leben auf der Erde zu kalkulieren. In solchen Fällen kann man bewerten, wie groß die Chance war, daß alle notwendigen Bedingungen gleichzeitig gegeben waren. Diese Vorgehensweise funktioniert bei jedem natürlichen Ereignis und kann bis zu einem gewissen Punkt auch eingesetzt werde, um die relative Notwendigkeit eines äußeren – z. B. göttlichen – Eingriffs in ein gegebenes natürliches System anzuzeigen. Entschieden ungeeignet ist es aber in der Frage, wie wahrscheinlich die Existenz eines übernatürlichen Wesens ist.

Das zugrundeliegende Problem ist die Tatsache, daß Dawkins' Gott nicht das ist, was Christen unter „Gott" verstehen. Dawkins erschafft einen Strohmann – oder Strohgott – nach seinem eigenen Bild und beweist dann, daß er nicht existiert. Das übernatürliche Wesen, das Christen Gott nennen, ist jedoch notwendigerweise außerhalb der Reichweite der empirischen Wissenschaften, weil er kein Materieklumpen und auch keine Energiequelle ist. Man kann ihn weder beobachten noch mit ihm herumexperimentieren, wie die Naturwissenschaften es verlangen. Um über Gottes Existenz zu debattieren, sollten wir zumindest in der Frage übereinstimmen, was wir mit „Gott" eigentlich meinen. Der Gott, den die Atheisten postulieren, hat mit dem Gott der Gläubigen nicht das geringste zu tun.

14.
STELLT DIE BIBEL DIE URSPRÜNGE DES MENSCHEN UND DES KOSMOS NICHT FALSCH DAR?

Wie wir gesehen haben, legt Christopher Hitchens zu Beginn seines Buchs *Der Herr ist kein Hirte* seine vier „nicht weiter reduzierbaren Einwände" gegen den religiösen Glauben dar, deren erster besagt, daß „er die Ursprünge des Menschen und des Kosmos vollkommen falsch darstellt."[1] Sam Harris haut in dieselbe Kerbe und läßt kein gutes Haar an den Christen, die seiner Ansicht nach glauben, „daß der Kosmos vor sechstausend Jahren erschaffen worden sei. Das wäre rund tausend Jahre nach der Erfindung des Klebstoffs durch die Sumerer gewesen."[2]

Während strikte Kreationisten tatsächlich einige eher abwegige Ansichten über den Ursprung der Welt vertreten, sind die meisten Christen nicht der Auffassung, daß der Genesisbericht von Gottes Erschaffung der Welt in sechs Tagen à 24 Stunden wörtlich zu verstehen ist. Es gibt keine offizielle christliche Lehre, die festlegt, wie die Schöpfung vonstatten gegangen ist, auch wenn wir alle an „Gott, den Vater, den Allmächtigen, den Schöpfer des Himmels und der Erde" glauben. Das Buch Genesis erteilt uns viele wichtige Lektionen über Gott, seine Beziehung zu den Menschen und die Bedeutung des menschlichen Daseins. Nur wenige glauben heute jedoch, daß dieses erste Buch der Bibel einen historisch exakten Eins-zu-eins-Bericht über die ersten Stunden der Welt darstellt. Selbst Fundamentalisten sehen angesichts dessen, daß drei volle „Tage" vergangen sein sollen, ehe überhaupt die Sonne geschaffen wurde, Erklärungsbedarf.

Wissenschaftler scheinen darin übereinzustimmen, daß das Universum etwa 14 Milliarden Jahre und die Erde offenbar ungefähr 4,5 Milliarden Jahre alt ist. Ich kann das nicht überprüfen, habe aber auch kein Problem damit. Überdies hat die wissenschaftliche Gemeinschaft nahezu einhellig akzeptiert, daß die Urknalltheorie die beste Erklärung ist, die wir bisher für die Ursprünge des Universums besitzen. Ich bin kein Wissenschaftler, und deshalb hat meine Meinung zum Urknall kein sehr großes Gewicht, aber es scheint doch offensichtlich zu sein, daß (1) die Interpretationen des Urknalls sehr weit auseinandergehen und (2) keine grundlegende Unvereinbarkeit zwischen dem Urknall und einer biblischen Diskussion über die Ursprünge des Universums besteht.

Während also Christopher Hitchens die Religion und insbesondere das Christentum beschuldigt, die Ursprünge des Menschen und des Kosmos falsch darzustellen, gibt es von anderer Seite – sogar von Mitgliedern der wissenschaftlichen Gemeinschaft – heftigen Widerspruch. Francis S. Collins, der Direktor des beeindruckenden *Human Genome Project*, interpretiert die Ursprünge des Universums ganz anders: „Der Urknall schreit nach einer göttlichen Erklärung. Er erzwingt die Schlußfolgerung, daß die Natur einen klar definierten Anfang hat. Ich kann nicht erkennen, wie sich die Natur von selbst geschaffen haben sollte. Nur eine übernatürliche Kraft außerhalb von Raum und Zeit könnte das geschafft haben."[3] Mit anderen Worten: Der Urknall selbst braucht eine Ursache.

In seinem Buch *God and the Astronomers* schreibt der Astrophysiker Robert Jastrow: „Die astronomische Darstellung und die Darstellung der Genesis sind die gleichen; die Ereigniskette, die zum Menschen führt, begann plötzlich in einem bestimmten Moment der Zeit, in einem Blitz aus Energie und Licht."[4] Und Nobelpreisträger Arno Penzias, der an der Entdeckung der kosmischen Hintergrundstrahlung und damit an der Untermauerung der Urknalltheorie beteiligt war, sagt: „Die besten Daten, die wir haben, sind genau die, die ich vorausgesagt hätte, wenn ich mit nichts anderem als den fünf Büchern Mose, den Psalmen und der Bibel als ganzem gearbeitet hätte."[5]

Während die heutige Wissenschaft also in der Frage nach den Ursprüngen des Universums nahezu vollkommen übereinstimmt, hat sie in der Frage nach den Ursprüngen des Lebens bisher sehr viel weniger zu bieten. Mit anderen Worten: Richard Dawkins' Erklärung der biologischen Entwicklung mag, soweit sie reicht, durchaus plausibel sein – die Ursprünge des Lebens an sich, das eine biologische Entwicklung ja überhaupt erst möglich macht, vermag sie nicht zu erklären. Natürliche Auslese nämlich setzt das Leben zwar voraus, trägt aber rein gar nichts dazu bei, die Entstehung des Lebens oder seine statistische Unwahrscheinlichkeit zu erklären. Sie versucht lediglich das Überleben und die allmähliche Veränderung sich fortpflanzender Arten zu begründen. Das folgende, von Dawkins selbst angeführte Zitat, sagt eigentlich schon alles: „Hoyle sagte: Die Wahrscheinlichkeit, daß Leben auf der Erde entsteht, ist nicht größer als die, daß ein Wirbelsturm, der über einen Schrottplatz fegt, rein zufällig eine Boeing 747 zusammenbaut."[6]

Um es noch einmal zu sagen: Ich hätte kein Problem damit, wenn die Wissenschaft eine Erklärung für die Ursprünge des Lebens liefern würde, und mein christlicher Glaube würde davon in keiner Weise tangiert. Ich sage nur, daß dies bisher nicht geschehen ist und nach allem, was ich weiß, vielleicht sogar niemals geschieht. „Keine moderne Hypothese", schreibt Collins, „kann erklären, wie in einem Zeitraum von nur 150 Millionen Jahren die präbiotische Umgebung auf der Erde Leben zulassen konnte."[7]

Um dieses nicht unbeträchtliche Hindernis zu überwinden, greift Dawkins in seiner Erklärung der Ursprünge des Lebens auf das anthropische Prinzip zurück. Dieses Prinzip ist im wesentlichen weniger überzeugend als die natürliche Auslese und erklärt letztlich nur sehr wenig. Das anthropische Prinzip sagt im Grunde, daß unser Universum einzig und allein darauf ausgerichtet ist, menschliches Leben zu erzeugen. Um es mit Dawkins' eigenen Worten zu sagen: „Es gibt im Universum Milliarden von Planeten, und ganz gleich, wie klein der Anteil der evolutionsfreundlichen Welten unter ihnen auch sein mag, unsere Erde muß zwangsläufig dazugehören." Ins Kosmologische gewendet bedeutet dies für Dawkins: „Da wir existieren, müssen die Gesetze der Physik so freundlich sein, die Entstehung von Leben zuzulassen."⁸ Diese Aussagen sind selbstverständlich zutreffend, aber *erklären* tun sie im Grunde gar nichts. Dawkins kann (auch wenn nicht ganz klar wird, wie) dies als Zeichen dafür interpretieren, daß Gott nicht existiert, und andere, wie der Wissenschaftler Stephen Hawking, können aus diesen Tatsachen das exakte Gegenteil herauslesen. In *Eine kurze Geschichte der Zeit* schreibt Hawking: „Warum das Universum gerade auf diese Weise angefangen haben sollte, wäre sehr schwer zu erklären, ohne das Eingreifen eines Gottes anzunehmen, der beabsichtigt hätte, Wesen wie uns zu erschaffen."⁹

Ich weiß nicht, wie Gott das Universum zustande gebracht oder menschliches Leben geschaffen hat. Christen sollten die Wissenschaftler in ihrem unablässigen Bemühen, dies herauszufinden, ermutigen, und das tun sie auch. Christen haben kein Pferd in diesem Rennen. Wir glauben, daß wir im Ursprung von allem, was ist, Gott und seinen Sohn Jesus Christus finden. „Alles ist durch das Wort geworden, und ohne das Wort wurde nichts, was geworden ist" (Joh 1,3). Wo Christen Vereinbarkeit sehen, bestehen die Neoatheisten darauf, Feindschaft zu sehen.

15.
IST DAS CHRISTENTUM WISSENSCHAFTSFEINDLICH?

Christopher Hitchens schreibt, daß die Religion „Wissenschaft und Forschung feindlich gegenübersteht".[1] Die Logik, die hinter seiner Anschuldigung steht, funktioniert folgendermaßen: die Religion haßt die Wissenschaft, weil es in der Religion um Macht geht. Sobald die Menschen erfahren, wie die Natur wirklich funktioniert, werden sie Gott nicht mehr brauchen, und dann werden sie auch keine Kirchen und keine Kirchenoberhäupter mehr brauchen, die ihnen sagen, wie sie sich verhalten sollen. Die Kirchenoberhäupter werden ihren Einfluß und ihre Macht verlieren. Das können sie nicht zulassen. Deshalb werden die Kirchenoberhäupter immer versuchen, die Bemühungen der Wissenschaft zu konterkarieren.

Richard Dawkins schreibt beispielsweise: „Mystiker schwelgen im Geheimnisvollen und wollen, daß das Mysteriöse erhalten bleibt", und er behauptet, „daß es zu den wirklich schlimmen Auswirkungen der Religion gehört, daß sie uns lehrt, es sei eine Tugend, sich mit dem Nichtwissen zufriedenzugeben."[2] Sowohl Dawkins als auch Hitchens erklären, die Religion sei wissenschaftsfeindlich. Ein friedliches Nebeneinander von Religion und Wissenschaft sei unmöglich, da beide entgegengesetzte Erklärungen der Wirklichkeit bieten. Da nur eine von beiden überleben kann, muß die andere weichen, und so befinden sie sich in einem Kampf auf Leben und Tod.

Das Beispiel, das uns dann aufgetischt wird, ist natürlich wieder einmal der Fall des Mathematikers und Astronomen Galileo Galilei aus dem 17. Jahrhundert. Obwohl dieser Fall kaum eine Lappalie war, war er doch auch nicht annähernd so groß und wichtig, wie man uns das heute glauben machen möchte. Es sind in wissenschaftlicher, theologischer und moralischer Hinsicht Fehler begangen worden, und es ist Unrecht geschehen. Das wird heute niemand mehr ernsthaft bestreiten wollen. Doch der Widerstand gegen gewisse Aspekte der Arbeit eines einzelnen Wissenschaftlers in einer einzigen Epoche (ist es nicht bezeichnend, daß Galileo in diesem Zusammenhang das einzige Beispiel ist, das die Kritiker anführen können? Wenn ihr Argument wirklich Gewicht hätte, sollte man doch erwarten, daß ihre Beispiele Legion sind …) ist kaum geeignet, die bereitwillige Unterstützung vergessen zu machen, die die christlichen Kirchen den Naturwissenschaften im Lauf von zwei Jahrtausenden haben zuteil werden lassen.

Die angebliche Bildungsfeindlichkeit der Religion erstreckt sich auch auf andere Bereiche. Christopher Hitchens schreibt: „Das Verhältnis der Religion zur Medizin ist, wie auch das zu den Naturwissenschaften, schwierig und häufig von Feindschaft geprägt." Er fügt hinzu, die medizinische Forschung habe erst zu blühen begonnen, nachdem „man die Priester in die Wüste geschickt" hatte.[3]

Seltsamerweise zitiert er gleich in der nächsten Zeile Louis Pasteur als Beispiel eines aufgeklärten Forschers, ohne zu erwähnen, daß Pasteur ein frommer Katholik gewesen ist!

Ehe wir uns mit der Theorie befassen, sollten wir vielleicht einen Blick auf die Fakten werfen, die diese Beschuldigung widerlegen. Die erste Tatsache ist schlicht und einfach die, daß die Naturwissenschaften sich aus der christlichen Kultur heraus entwickelt haben. Wie der Soziologe Rodney Stark so überzeugend gezeigt hat, war die Wissenschaft in den großen Zivilisationen des Altertums *mit Ausnahme* der christlichen Zivilisation „ein totgeborenes Kind".[4] Warum haben sich die empirische Wissenschaft und die wissenschaftliche Methode nicht in China (mit seiner hochentwickelten Gesellschaft), in Indien (mit seinen philosophischen Schulen), in Arabien (mit seiner fortschrittlichen Mathematik), in Japan (mit seinen leistungsstarken Handwerkern und Technologien) oder auch im antiken Griechenland und Rom entwickelt?

Die Antwort ist ganz einfach. Die Wissenschaft blühte in Gesellschaften, in denen eine christliche Mentalität die Natur als das geordnete und verstehbare Werk eines intelligenten Schöpfers betrachtete. Die Wissenschaft gedieh dort, wo die Menschen annahmen, daß die natürliche Welt nach erkennbaren Regeln funktioniert und die Handschrift eines intelligenten Schöpfers trägt. Weit davon entfernt, der Wissenschaft im Wege zu stehen, war das Christentum vielmehr der fruchtbare Boden, in dem die Wissenschaft Wurzeln schlagen konnte.

Diese unvoreingenommene Unterstützung der Wissenschaft durch das Christentum wird durch die Tatsache bestätigt, daß die christliche Kirche der Wissenschaft selbst durch immense Beiträge direkt geholfen hat. Im Hinblick auf die Astronomie – um nur einen Bereich herauszugreifen – schreibt J. L. Heilbron von der University of California in Berkeley: „Die römisch katholische Kirche hat über sechs Jahrhunderte lang, von der Wiederentdeckung des antiken Wissens über das Spätmittelalter bis hin zur Aufklärung, mehr in die finanzielle und gesellschaftliche Unterstützung der astronomischen Forschung investiert als jede andere Institution und vermutlich auch mehr, als alle anderen Institutionen zusammen."[5]

Vor diesem Hintergrund ist es besonders verblüffend, wenn Christopher Hitchens behauptet, „daß die Kirche das Recht beschnitt, durch ein Fernrohr zu blicken und über das Ergebnis zu spekulieren".[6]

Was für die Astronomie gilt, gilt in gleicher Weise für die Medizin, die Physik, die Mathematik und die Chemie. Nicht anders als in der Kunst trat die christliche Kirche auch in der wissenschaftlichen Forschung als großzügige Mäzenin auf. Das Zerrbild einer obskurantistischen Kirche, die ihre „Schäfchen" absichtlich in Unwissenheit gehalten hätte, entspricht einfach nicht den historischen Tatsachen. Einige der größten Wissenschaftler der Geschichte – Newton, Pasteur, Galilei, Lavoisier, Kepler, Kopernikus, Faraday, Maxwell, Bernard und Heisenberg – waren Christen, und damit ist die Liste noch lange nicht vollständig.

Dennoch enthält dieser Vorwurf der Atheisten einen winzigen wahren Kern. Die Religion wehrt sich entschieden gegen den Absolutheitsanspruch der Wissenschaft. Die

Religion – und insbesondere das Christentum – weigert sich standhaft, den empirischen Wissenschaften ein Monopol über Wissen und Wahrheit einzuräumen. Dawkins zum Beispiel verwechselt „wissenschaftliche Fragen" mit Tatsachenfragen ganz allgemein und ordnet der Wissenschaft daher die gesamte Sphäre des Faktischen zu. Seiner Meinung nach ist eine Frage immer dann wissenschaftlich, wenn man sie mit Ja oder Nein beantworten kann. Das ist schlichtweg falsch. So wichtig die Wissenschaft auch ist, sie kann nicht alles, und ein winziges Quantum an wissenschaftlicher Bescheidenheit – die schlichte Anerkennung, daß auch diese Disziplin ihre Grenzen hat – wäre in diesem Zusammenhang überaus erfrischend. Die Mathematik beispielsweise beantwortet Fragen, die die Naturwissenschaft nicht beantworten kann. Auch die Philosophie erforscht Regionen, die jenseits des empirisch Beobachtbaren liegen. Und ebenso befaßt sich die Religion mit Problemstellungen, die einfach nicht in die Zuständigkeit naturwissenschaftlicher Forschung fallen.

Während Dawkins also den Standpunkt vertritt, jede bedeutende Frage sei eine naturwissenschaftliche Frage, gibt es tatsächlich sehr viele wichtige – genaugenommen die wichtigsten – Fragen, die sich dem Zugriff der Wissenschaften entziehen. *Was ist der Sinn des Lebens? Wie sollten die Menschen miteinander umgehen? Was geschieht nach dem Tod mit uns?* Ein weiß bekittelter Wissenschaftler kann noch so lange in seinem Labor schuften und schwitzen – doch auf diese Fragen werden seine Instrumente ihm keine Antwort geben. Für diese Aufgabe ist die Wissenschaft nicht geeignet. Man kann den Mount

Everest nicht mit einem Mikroskop und einem Skalpell vermessen. Man kann den Pazifik nicht mit einem Meßschieber überqueren. Man kann die letzten Fragen des Lebens nicht mit naturwissenschaftlichen Methoden beantworten.

Eine wissenschaftliche Hybris, die leugnet, daß die Religion und andere Disziplinen wahre Aussagen treffen können, erweist dem so nötigen Dialog zwischen Religion und Wissenschaft einen Bärendienst. Vielleicht aber wollen unsere atheistischen Autoren diesen Dialog gar nicht fördern – schließlich schreibt Hitchens, „alle Versuche, den Glauben mit Wissenschaft und Vernunft zu versöhnen", seien „der Lächerlichkeit preisgegeben und zum Scheitern verurteilt."[7] Wenn das von vorneherein die Schlußfolgerung ist, dann ist es sinnlos, den Dialog fortzusetzen. Nur: wer ist denn dann eigentlich engstirnig – die Religion oder die „Wissenschaft"?

16.
SIND NICHT ALLE WISSENSCHAFTLER UND DENKER ATHEISTEN ODER ZUMINDEST AGNOSTIKER?

Richard Dawkins gibt sich große Mühe zu beweisen, daß Einsteins Glaube an Gott kein Glaube an einen persönlichen Gott, sondern an irgendeine andere kosmische Kraft gewesen sei. Er scheint es für wichtig zu halten, nicht nur Einstein, sondern möglichst viele zeitgenössische Wissenschaftler als Beleg dafür anzuführen, daß genauso, wie echte Männer keine süßen Feigen mögen, echte Wissenschaftler nicht an Gott glauben. Und auch Christopher Hitchens suggeriert, daß kein wirklicher Wissenschaftler an den biblischen Gott glauben kann, weil die Religion „Wissenschaft und Forschung feindlich gegenübersteht".[1]

Wir dürfen in diesem Zusammenhang nicht vergessen, daß Wissenschaftler, was Gott betrifft, über keine besonderen Erkenntnisse verfügen. Der Wissenschaft wird heute eine übertriebene Bedeutung beigemessen, und alles, was im Namen der Wissenschaft gesagt wird, besitzt für uns eine fast schon heilige Autorität. Wir gehen davon aus, daß Wissenschaftler in ihrem Urteil klug, gebildet, umsichtig und objektiv sind. Das mag zuweilen auch zutreffen, doch Wissenschaftler sind auch nur Menschen und auf einen bestimmten Bereich des menschlichen Wissens spezialisiert, was bedeutet, daß sie außerhalb ihres eigenen Fachgebiets keine besondere Glaubwürdigkeit oder Kenntnis besitzen.

Die überaus sprachgewandte Neurowissenschaftlerin Maureen Condic von der Universität Utah hat die Beziehung zwischen Wissenschaft und Ethik einmal auf anschauliche, provozierende und erfrischend ehrliche Weise kommentiert:

> Wissenschaftler sind Menschen, und wir alle streben auf unsere eigene Art und Weise danach, unsere persönlichen Überzeugungen mit unserem Beruf, mit dem, was wir tun und wie wir es tun, in Einklang zu bringen. Dennoch lautet meine Antwort auf die Frage, ob das, was ich tue, moralisch oder unmoralisch ist: Das ist kein wissenschaftlicher Standpunkt.
>
> Einen Wissenschaftler nach seinem Standpunkt zu fragen und diesen Standpunkt dann mit einer gewissen Würde zu bekleiden, weil die betreffende Person Wissenschaftler ist, führt in die Irre.
>
> Wir erheben Wissenschaftler zu Experten und sagen, „Sie haben den Nobelpreis gewonnen. Was also ist ihre moralische Position?" Tatsache ist jedoch, daß der Nobelpreis der betreffenden Person keine besondere Fähigkeit verleiht, die moralische Dimension seiner oder ihrer Arbeit zu beurteilen.[2]

Um der Argumentation willen wollen wir dennoch einen Blick darauf werfen, wie die größten Wissenschaftler aller

Zeiten es mit der Frage nach Gott gehalten haben. Den Untersuchungen von John Galbraith Simmons zufolge waren von den zwanzig größten Wissenschaftlern in der Geschichte fünfzehn gläubige Menschen (vier von ihnen Deisten), zwei Agnostiker und drei Atheisten.[3] Allein die Zahl der Katholiken (fünf) war größer als die der Agnostiker oder der Atheisten, und fünf weitere gehörten anderen christlichen Konfessionen an. Demnach war die Hälfte der einflußreichsten Wissenschaftler in der Geschichte der Menschheit Christen. Auch dies sagt wenig über den Wahrheitsanspruch des Christentums aus, doch es entlarvt immerhin den Mythos, gute Wissenschaftler müßten Atheisten sein.

Sir Isaac Newton zum Beispiel, den Simmons für den bedeutendsten Wissenschaftler aller Zeiten hält, stützte sich in seinen wissenschaftlichen Forschungen auf den Glauben an ein von einem Gott der Ordnung geschaffenes und daher geordnetes Universum. Deshalb konnte er schreiben: „Es ist die Vollkommenheit der Werke Gottes, daß sie alle mit der größten Einfachheit getan sind. Er ist der Gott der Ordnung und nicht der Verwirrung."[4] Er konnte zwischen seinem christlichen Glauben und der Reinheit seiner Wissenschaft keinen Widerspruch entdecken, denn der eine ergänzte die andere: „In Ermangelung anderer Beweise würde schon der Daumen genügen, um mich von der Existenz Gottes zu überzeugen."[5]

Der große französische Wissenschaftler Louis Pasteur, der auf Simmons' Liste den fünften Platz einnimmt, war ein frommer katholischer Christ; außerdem entwickelte er die Keimtheorie und das Verfahren der „Pasteurisierung". In ihm paarten sich gewinnende Demut und starker Glaube mit wissenschaftlichem Genie. „Ich habe den Glauben eines bretonischen Bauern", sagte er einmal, als er schon älter war, „und wenn ich sterbe, dann habe ich hoffentlich den Glauben einer bretonischen Bauersfrau."[6]

Der verstorbene Stephen Jay Gould selbst, den Christopher Hitchens als „großen Paläontologen" bezeichnet,[7] machte den Atheisten einen Strich durch die Rechnung, als er erklärte, daß Glaube und Wissenschaft durchaus miteinander vereinbar sind. Als man ihn darauf ansprach, daß Umfragen zufolge die Hälfte aller Wissenschaftler religiös sind, bemerkte Gould humorvoll: „Entweder ist die Hälfte meiner Kollegen außerordentlich dumm, oder die Wissenschaft des Darwinismus läßt sich voll und ganz mit den üblichen religiösen Überzeugungen – und mit dem Atheismus – vereinbaren."[8]

Alles in allem waren es gut 40 Prozent der Berufswissenschaftler, die im Rahmen einer 1997 durchgeführten Studie angaben, an Gott zu glauben.[9] Dieser Prozentsatz hat sich in einer Zeit von etwas mehr als achtzig Jahren kaum verändert, denn eine Studie aus dem Jahr 1914 hatte gezeigt, daß damals 41 Prozent der wissenschaftlichen Gemeinschaft an Gott glaubten.[10] Um es noch einmal zu sagen: Gottes Existenz läßt sich nicht aus Meinungsumfragen ableiten, und 100 Prozent Gläubige würden einen Gott, den es nicht gibt, ebensowenig hervorbringen wie 100 Prozent Atheisten ihn vernichten könnten, wenn er existiert. Was diese Zahlen aber zeigen, ist die Tatsache, daß der Glaube an Gott sich durchaus mit der seriösen Wissenschaft vereinbaren läßt.

Für viele Wissenschaftler ist der religiöse Glaube ein wesentlicher Bestandteil ihres Lebens. Andere Wissenschaftler lehnen die Vorstellung von Gott ab und ziehen es vor, so zu leben, als ob es ihn nicht gäbe. Die „Wissenschaft" als solche aber hat, was Gottes Existenz betrifft, keinen Standpunkt. Der Unterschied zwischen gläubig und nichtgläubig ist nicht der Unterschied zwischen rational und irrational oder schlau und dumm, sondern spiegelt oft eine tiefere Bereitschaft oder Nichtbereitschaft wider, sich auf einen Bereich einzulassen, in dem wir nicht alle Karten in der Hand halten.

17.
IST RELIGIÖSER GLAUBE IRRATIONAL?

In *Der Herr ist kein Hirte* erklärt Christopher Hitchens, die Religion setze „Ignoranz und Aberglauben" voraus, während er und seine atheistischen Kollegen „die freie Forschung, die geistige Offenheit und die Beschäftigung mit Ideen um ihrer selbst willen"[1] achteten. Er zeichnet die Religion als irrationales Festhalten an einem lächerlichen Aberglauben und stellt sie der objektiven Herangehensweise der Atheisten gegenüber, die die Ideen geduldig sieben. Wie sich herausstellt, wird jedoch keine dieser beiden Karikaturen der Wirklichkeit gerecht.

Blicken wir zuerst auf das Verhältnis von Glauben und Vernunft. Trifft es zu, daß die Religion auf Unwissenheit beruht? „Mit dem Glauben an Gott", behauptet Hitchens, „drückt der Mensch seine Bereitschaft aus, an *alles mögliche* zu glauben."[2] Das ist nicht wahr. Glaube ist kein Ausdruck naiver Leichtgläubigkeit. Viele Menschen gelangen nach sorgfältigem Forschen und Analysieren zum Glauben an Gott. Nachdem sie im Hinblick auf die Beschaffenheit der Welt und den Sinn des Lebens verschiedene Entwürfe gegeneinander abgewogen haben, kommen viele zu der begründeten Schlußfolgerung, daß der Glaube die Wirklichkeit besser erklärt, als die materialistischen Darstellungen dies können. Zwar nehmen viele Menschen spontan die Religion ihrer Eltern oder ihres kulturellen Umfelds an. Doch oft müssen sie ihre Glaubensüberzeugungen an ihren persönlichen Erfahrungen und anderen Glaubenssystemen messen und sich mit dem Pro und Kontra auseinandersetzen. Auf diese Weise gelangt ein zunächst eher naiver Glaube nach und nach zu größerer Reife.

Ich bin ein katholischer Christ. Ich halte die Lehren Jesu Christi für zwingend überzeugend und glaube, daß er der ist, der er zu sein behauptet. Seine Botschaft vom Wesen Gottes und vom Sinn des menschlichen Daseins deckt sich mit meiner eigenen Erfahrung und erklärt viele Facetten des menschlichen Lebens, die sonst dunkel und sinnlos erscheinen. Mein Glaube ist kein blinder Akt der Leichtgläubigkeit, sondern verlangt den täglichen Einsatz meines Verstandes. Es macht mir Spaß, mich mit Kritik auseinanderzusetzen und meine eigene Weltanschauung mit anderen zu vergleichen. Meiner Erfahrung nach widerspricht die wahre Religion weder der Vernunft noch setzt sie die Rationalität außer Kraft. Sie hängt vielmehr von beiden ab.

Es hat im Lauf der Geschichte zahlreiche Versuche gegeben, die Existenz Gottes zu beweisen. Thomas von Aquin kommt das Verdienst zu, mit seinen fünf „Wegen" oder Gottesbeweisen den berühmtesten Versuch gemacht zu haben.[3] Philosophen und Theologen haben jahrhundertelang mit diesen Argumenten gerungen und darüber debattiert, und ganze Bücher sind geschrieben worden, um ihre Tragfähigkeit zu diskutieren. Desungeachtet gehen unsere atheistischen Autoren sehr rasch über sie hinweg und halten sie offenbar einer ernsthaften Auseinandersetzung nicht für würdig. Richard Dawkins beispielsweise handelt die fünf Wege des Aquinaten auf nicht einmal drei Seiten ab und schlußfolgert, „sie als inhaltsleer zu entlarven", sei „nicht schwer".[4] Was auch immer man von der Überzeugungskraft dieser Darlegungen halten mag – „inhaltsleer" sind sie ganz gewiß nicht, und ein solches Urteil ist ebenso oberflächlich wie beleidigend für Generationen herausragender Denker, die sich eingehend mit diesen Thesen auseinandergesetzt haben.

Weit davon entfernt, ihr Feind zu sein, war die Religion oft der wichtigste Verbündete der Vernunft. Insbesondere das Christentum postuliert die Bedeutung des Verstandes und seine Fähigkeit, die Wahrheit zu erfassen. Entgegen der modernen Tendenz, die Grenzen und die Bedingtheit des menschlichen Intellekts zu betonen, ist das Christentum ihm oft zu Hilfe geeilt. In der Bibel lesen wir: „Wohl dem Menschen, der nachsinnt über die Weisheit, der sich bemüht um Einsicht, der seinen Sinn richtet auf ihre Wege und auf ihre Pfade achtet" (Sir 14,20–21). Ein Glaube ohne Vernunft verkommt zu Fideismus und setzt sich allen Arten des Irrtums aus.

Gleichzeitig aber verfehlt der Verstand seinen eigentlichen Zweck, wenn er sich dem Glauben verschließt und sich weigert anzuerkennen, daß es Quellen der Erkenntnis gibt, die außerhalb seiner selbst liegen. Eine Vernunft ohne Glaube verkommt oft zu einer Art von Rationalismus, der sich im Kreis dreht und sich selbst verschlingt. Auch wenn der Glaube der Vernunft niemals widerspricht, kann er doch über sie hinausgehen. Christen glauben, daß zwischen dem Wissen des Verstandes und dem Wissen des Glaubens eine tiefe und unauflösliche Einheit besteht, weil es nur eine Wahrheit gibt. Vernunft und Glaube bekämpfen einander nicht – sie ergänzen und vervollständigen sich gegenseitig. In diesem Licht konnte der große Papst Johannes Paul II. 1998 schreiben: „Der Glaube fürchtet demnach die Vernunft nicht, sondern sucht sie und vertraut auf sie. Wie die Gnade die Natur voraussetzt und vollendet, so setzt der Glaube die Vernunft voraus und vollendet sie."[5]

Nachdem wir uns also mit dem Verhältnis von Vernunft und Glaube auseinandergesetzt haben, wollen wir uns der zweiten Behauptung zuwenden: daß Atheisten sich allein auf den Verstand und die Tatsachen stützen und damit frei von jeglichem Dogmatismus sind. Hitchens betont: „Unser Glaube ist kein Glaube. Auch unsere Prinzipien sind kein Glaube", und fügt hinzu: „Wir halten nicht dogmatisch an Überzeugungen fest."[6] Richard Dawkins pflichtet ihm bei: „Atheisten haben keinen Glauben".[7] Doch diese Erklärungen verdienen mehr als nur ein geringes Maß an Skeptizismus. Bei der Lektüre ihrer Texte habe ich ebensoviel oder noch mehr Dogmatismus gefunden als in jeder Predigt von Cotton Mather.*

Eins muß von vorneherein klar sein: genau wie der Theismus setzt auch der Atheismus eine *Entscheidung* voraus. Es ist nicht so, daß man angesichts der Fakten nur die Möglichkeit hätte, die Existenz Gottes auszuschließen, und keine denkende Person wird von ihrer Vernunft dazu gezwungen, Gottes Existenz zu leugnen. Genauso wie der religiöse Glaube fordert auch die Entscheidung, nicht zu glauben, unseren Verstand und unseren Willen. Der Atheismus manifestiert eine Weigerung, die Möglichkeit anzunehmen, daß Gott existiert. Eine schlichte Analyse der Fakten kann niemandem dazu bewegen, zu glauben oder nicht zu glauben. Man muß eine Entscheidung treffen. Und es ist nicht aufrichtig, wenn die Atheisten behaupten, ihre Entscheidung beruhe schlichtweg auf Tatsachen.

Wenn Dawkins betont, Atheisten hätten keinen Glauben, dann nimmt man an, er meint damit, daß Atheisten nichts vom bloßen Hörensagen her für wahr halten, sondern für alles empirische Beweise fordern. Das ist falsch. Die Atheisten begegnen der Wirklichkeit mit vorgefaßten Meinungen, anhand deren sie die ihnen zur Verfügung stehenden Informationen interpretieren. Die wichtigste dieser vorgefaßten Meinungen ist ihr Materialismus. Materialismus, das dürfen wir nicht vergessen, ist eine Weltanschauung, ein Glaube, wenn man so will, und *keine* wissenschaftliche Entdeckung. Die Möglichkeit auszuschließen, daß jenseits von Materie und Energie irgend etwas existiert, stellt ein eigenständiges philosophisches Glaubenssystem dar und ist in keiner Weise „wissenschaftlich".

Bei näherem Hinsehen erkennt man in der Tat recht schnell, daß Richard Dawkins uneingeschränkt an die Macht der Wissenschaft glaubt, alle Krankheiten zu heilen und alle Fragen zu beantworten. Es ist geradezu rührend zu sehen, daß jemand für sein eigenes Fachgebiet eine so rückhaltlose und unkritische Begeisterung aufbringt. „Wenn die Naturwissenschaft solche letzten Fragen nicht beantworten kann", so seine rhetorische Frage, „wieso denkt dann irgend jemand, die Religion sei dazu in der Lage?"[8] Ein solcher Fundamentalismus verdient es, daß man den Spieß umkehrt: „Wenn die Bibel die eine oder andere Frage nicht beantworten kann, wieso denkt dann irgend jemand, die Naturwissenschaft sei dazu in der Lage?"

Meiner Ansicht nach sollten diese atheistischen Autoren sich auf ihre Aufgeschlossenheit besinnen. Wenn sie die Möglichkeit, daß Gott existiert, von vorneherein dogmatisch leugnen, dann spricht dies nicht gerade für die Vernunft der Atheisten.

Teil IV
DAS CHRISTENTUM UNTER BESCHUSS

Obwohl die atheistischen Autoren Gott selbst und die Religion im allgemeinen zum Thema haben, widmen sie doch Dutzende von Seiten der Kritik am Christentum im besonderen. Sie attackieren die Grundlagen und Lehren des Christentums und versuchen, sowohl seine historischen Fundamente als auch seine innere Stimmigkeit zu unterminieren. Mit diesen Fragen wollen wir uns nun im vierten Teil befassen und sie in die folgenden Themen unterteilen.

Erstens wollen wir uns mit Gott selbst befassen, wie die biblischen Autoren ihn darstellen. Wie wird Gott in der Heiligen Schrift portraitiert? Ist er wirklich der „boshafte Tyrann", den der Atheist Richard Dawkins in ihm sieht, oder ist er ein gerechter und liebevoller Vater, der seine Verheißungen einlöst? Wenn der biblische Gott wirklich „der unangenehmste Gott in der gesamten Literatur" ist (um erneut Dawkins zu zitieren[1]), wie konnte er dann durch so viele Epochen hindurch die Liebe und Anbetung der Christen gewinnen? Verbirgt sich hinter dieser Frage mehr, als es auf den ersten Blick scheint?

Der zweite Einwand der Atheisten bezieht sich auf die Historizität Jesu Christi. Hat Jesus wirklich gelebt, oder ist er die Erfindung einer Gruppe skrupelloser Profitgeier, die einen Mythos schufen und darauf eine Religion gründeten? Atheistische Autoren stellen nicht nur die Lehren Jesu, sondern sogar seine menschlich-irdische Existenz in Frage. Hält diese Behauptung den historischen Fakten stand? Auf welche Beweise kann sich der christliche Jesusglaube eigentlich stützen?

Als nächstes müssen wir uns dem historischen Wert des Neuen Testaments zuwenden. Die vier Evangelien sind eindeutige Zeugnisse von Jesu Existenz, aber kann man sie als historische Dokumente gelten lassen? Bieten sie eine exakte Darstellung vom Leben und Tod, von den Worten und Taten des Jesus von Nazareth? Die atheistischen Autoren sagen natürlich, die Evangelienberichte seien aufgrund ihrer inneren Widersprüche und ihrer erklärten Absicht, den Glauben an Jesus zu verkünden, als historische Texte wertlos. Doch welchen historischen Stellenwert haben diese Dokumente wirklich? Sind sie verläßliche Informationsquellen zum Leben Jesu?

Ein weiterer Vorwurf der Atheisten betrifft die katholische Kirche. Sie sagen, selbst wenn Jesus existiert hätte, hätte er nie die Absicht gehabt, eine Kirche zu gründen. Diese Neuerung sei das Werk späterer Generationen und nicht von Jesus selbst intendiert gewesen. Auch hier werden wir uns mit den historischen Fakten auseinandersetzen müssen. Haben wir Grund zu der Annahme, daß die Gründung einer sichtbaren Gemeinschaft von Gläubigen Teil des Sen-

dungsauftrags gewesen ist, den Jesus auf Erden zu erfüllen hatte? Wollte Jesus eine Kirche gründen oder nicht?

Zum Schluß wollen wir einen sehr speziellen Kritikpunkt untersuchen, der die christliche Auffassung von Sexualität betrifft. Christopher Hitchens mißt diesem Thema besondere Bedeutung bei und zählt es zu seinen „vier Einwänden gegen den religiösen Glauben". Hat Hitchens' Behauptung, Religiosität verursache sexuelle Verklemmtheit, irgendeine Berechtigung? Trifft die Unterstellung der Atheisten, die Christen seien Sexhasser, wirklich zu? Das ist eine ernstzunehmende Anschuldigung, die eine umsichtige Antwort erfordert.

Mit diesen Themen wollen wir uns in dem nun folgenden Teil beschäftigen. Wie hält das Christentum der Welle der atheistischen Kritik stand? Das wollen wir uns genauer ansehen.

18.
IST DER GOTT DER BIBEL EIN EIFERSÜCHTIGER SADIST?

Keiner der atheistischen Autoren sagt irgend etwas Nettes über Gott. Das war zu erwarten. Wie ich in der Einleitung bereits gesagt habe, wird dem Leser recht schnell klar, daß die Atheisten Gott gegenüber alles andere als gleichgültig sind. Es ist keine Übertreibung, wenn man sagt, daß sie ihn verachten. Richard Dawkins Gottesbeschreibung soll hier vollständig zitiert werden. Dem aufmerksamen Leser wird vermutlich nicht entgehen, daß Dawkins ein wenig von der objektiven, antiseptischen Sprache abweicht, in der die wissenschaftliche Gemeinschaft sich üblicherweise ausdrückt:

> Der Gott des Alten Testaments ist – das kann man mit Fug und Recht behaupten – die unangenehmste Gestalt in der gesamten Literatur: Er ist eifersüchtig und auch noch stolz darauf; ein kleinlicher, ungerechter, nachtragender Überwachungsfanatiker; ein rachsüchtiger, blutrünstiger ethnischer Säuberer; ein frauenfeindlicher, homophober, rassistischer, Kinder und Völker mordender, ekliger, größenwahnsinniger, sadomasochistischer, launisch-boshafter Tyrann.[1]

IST GOTT EIN EIFERSÜCHTIGER SADIST?

Ethnische Säuberungen und Sadomasochismus sind eine Sache, aber ein Überwachungsfanatiker? Also bitte! Dawkins pfeffert seine Darstellung noch mit weiteren „göttlichen Attributen". Er nennt den biblischen Gott einen „eingreifenden, wundertätigen, Gedanken lesenden, Sünden bestrafenden, Gebete erhörenden Gott", einen „psychotischen Übeltäter" und ein „Monster".²

Nun klingt einiges davon, wenn man einmal von dem unverkennbar verächtlichen Ton, in dem es geschrieben ist, absieht, kaum wie eine ernsthafte Anklage. Bis auf die beiden letzten Bezeichnungen könnte man die genannten Eigenschaften beinahe auf eine Vatertagskarte schreiben! „Eingreifend" ist im Grunde nichts anderes als fürsorglich, „Sünden bestrafend" heißt soviel wie gerecht und „Gedanken lesend" bedeutet einfühlsam. Und der Vorwurf, daß Gott Wunder „anrichtet" – so die wörtliche Übersetzung des englischen Begriffs „miracle-wreaking" –, ist eine faszinierende Wortkombination. Hat Jesus zum Beispiel „Wunder angerichtet", als er die Lahmen heilte oder die Brote und Fische vermehrte? Wenn ja, dann nur zu! Was schließlich die Anschuldigung betrifft, Gott sei „Gebete erhörend", so kann ich mir wirklich nicht vorstellen, was Dawkins daran so schlimm findet.

Wenn sie sich ihre Meinungen über den biblischen Gott bilden, sind die Atheisten allem Anschein nach fundamentalistischer als die Fundamentalisten. Sie verstehen jedes Wort der Heiligen Schrift buchstäblich und unternehmen nicht einmal den Versuch, sich durch die offensichtlichen Anthropomorphismen hindurchzuarbeiten, um einen Eindruck davon zu gewinnen, wer Gott ist und was er von sich selbst offenbart. Sie sind nicht in der Lage, die literarischen Genera zuzuordnen, und versäumen es, die Stellen im Kontext zu lesen und sich so ein zutreffenderes Bild von dem Gott zu machen, der dort dargestellt wird. Statt dessen wählen sie vereinzelte Textstücke aus und setzen sie zu einem angeblich vollständigen Bild zusammen, das Gott aussehen läßt wie den großen bösen Wolf. Was sie dabei – absichtlich oder unabsichtlich – außer acht lassen, ist die Tatsache, daß der im Alten Testament geoffenbarte Gott vor allem ein gerechter und treuer Gott ist, der seine Verheißungen erfüllt und seinem Volk seine vielen Verfehlungen vergibt.

Ich habe in diesen atheistischen Traktaten vergeblich nach einer ausgewogenen Behandlung der biblischen Texte gesucht. Wo liest man zum Beispiel etwas über die zahlreichen Belege für Gottes Zärtlichkeit, Barmherzigkeit, seine Liebe zu seinen Kindern, seine Geduld, seinen Wunsch, daß es den Menschen gutgehen möge? Denken Sie doch nur an jene tröstenden Worte aus dem Alten Testament, in denen Gott seinem Volk die Treue verspricht:

Fürchte dich nicht, denn ich habe dich ausgelöst,
ich habe dich beim Namen gerufen,
du gehörst mir.
Wenn du durchs Wasser schreitest, bin ich bei dir,
wenn durch Ströme, dann reißen sie dich nicht fort.
Wenn du durchs Feuer gehst, wirst du nicht versengt,
keine Flamme wird dich verbrennen.
Denn ich, der Herr, bin dein Gott. (Jes 43,1–3)

Oder denken Sie an den bekannten Abschnitt einige Kapitel weiter, der Gottes Liebe mit der Liebe einer Mutter vergleicht:

> Kann denn eine Frau ihr Kindlein vergessen,
> eine Mutter ihren leiblichen Sohn? Und selbst wenn sie ihn vergessen würde:
> ich vergesse dich nicht.
> Sieh her: Ich habe dich eingezeichnet in meine Hände,
> deine Mauern habe ich immer vor Augen. (Jes 49,15–16)

An anderen Stellen wird Gott häufig mit einem Ehemann verglichen, der voller Liebe für seine Gemahlin (sein Volk) ist. Trotz der Untreue seiner Braut Israel kommt er immer wieder zurück, macht sie rein und nimmt sie zu sich. Er ist nicht rachsüchtig, sondern barmherzig. Im Buch des Propheten Hosea wird die Liebe Gottes folgendermaßen beschrieben:

> Darum will ich selbst sie verlocken.
> Ich will sie in die Wüste hinausführen
> und sie umwerben.
> Dann gebe ich ihr dort ihre Weinberge wieder,
> und das Achor-Tal mache ich für sie zum Tor der Hoffnung. Sie wird mir dorthin bereitwillig folgen
> wie in den Tagen ihrer Jugend,
> wie damals, als sie aus Ägypten heraufzog.
> An jenem Tag – Spruch des Herrn –
> wirst du zu mir sagen: mein Mann! (Hos 2,16–18)

Die Christen glauben, daß Gott sich schrittweise geoffenbart hat. Die Bibel ist nicht als fertiges Buch vom Himmel gefallen, sondern im Lauf der Zeit entstanden. Je länger die Israeliten Gottes Wirken in ihrer Geschichte betrachtet und über seine Worte nachgedacht haben, desto größer wurde ihr Wissen über ihn. Und schließlich erreichte seine Selbstoffenbarung ihren Höhepunkt in der Person Jesu Christi. Der heilige Paulus schreibt: „Als aber die Zeit erfüllt war, sandte Gott seinen Sohn, geboren von einer Frau und dem Gesetz unterstellt, damit er die freikaufe, die unter dem Gesetz stehen, und damit wir die Sohnschaft erlangen" (Gal 4,4–5). In Christus wird die grenzenlose Liebe Gottes zur Menschheit voll und ganz sichtbar.

Die Bibel stellt Gott vor allem als Vater dar. Vielleicht ist es genau das, was die Atheisten so unerträglich finden. Ein Vater stellt zuweilen Regeln auf. Seine Liebe kann streng sein. Er stellt Ansprüche. Wenn ich die Tiraden lese, die die Atheisten gegen Gott vom Stapel lassen, muß ich unwillkürlich an die Ausbrüche pubertierender Jugendlicher gegen ihre Väter denken. Nur Väter, so scheint es, verdienen einen so hemmungslosen Zorn.

Im allgemeinen ist das Portrait, das die Atheisten vom biblischen Gott zeichnen, hoffnungslos unausgewogen und tendenziös. Von Wissenschaftlern und Journalisten – zwei Berufsgruppen, die sich ihrer Unvoreingenommenheit rühmen – sollte man mehr erwarten dürfen. Eines aber ist sicher: Der biblische Gott ruft sehr unterschiedliche Reaktionen hervor, die von tiefster Dankbarkeit und Anbetung bis zum leidenschaftlichsten Haß reichen. Doch vielleicht sagt dies mehr über uns aus als über Gott.

19.
SIND DIE EVANGELIEN VERLÄSSLICHE HISTORISCHE DOKUMENTE?

Eine weitere Kritik, die von nahezu allen Atheisten vorgebracht wird, ist die Unzuverlässigkeit der Bibel – und insbesondere der vier Evangelien – als historisches Dokument. Hitchens wirft dem jüdischen Gelehrten Maimonides vor, „dem gleichen Irrtum wie die Christen" verfallen zu sein, „als er annahm, die vier Evangelien könnten als eine Art historischer Chronik betrachtet werden"; außerdem schreibt er noch, die Verfasser der Evangelien könnten sich „auf kaum einen wichtigen Punkt einigen", und es ließe sich „zweifelsfrei feststellen (…) daß die Evangelien nicht die reine Wahrheit sprechen."[1] Seltsamerweise benutzt er diese vermeintlich unzuverlässige Quelle an anderer Stelle als Beleg für seine Aussagen darüber, ob Jesus sich selbst für Gott gehalten oder beabsichtigt habe, eine Kirche zu gründen, doch das ist nur eines der vielen Paradoxa in den atheistischen Büchern.

Obwohl keiner ihrer Verfasser jemals eine solide Ausbildung in Theologie oder biblischer Exegese erhalten hat, erlauben sie sich kategorische Feststellungen, die in anderen Disziplinen undenkbar wären. In Kapitel 3 von *Der Gotteswahn* kommt Richard Dawkins beispielsweise als Bibelwissenschaftler daher und maßt sich an, Theologen über die Heilige Schrift zu belehren. Die eklatanten Irrtümer in dem Abschnitt, der mit „Das Argument der Heiligen Schrift" überschrieben ist, sind zu zahlreich, als daß man sie hier alle auflisten könnte, aber einige wenige Beispiele werden sich vielleicht doch als aufschlußreich erweisen.

Dawkins schreibt: „Seit dem 19. Jahrhundert haben Theologen überwältigende Belege dafür, daß die Evangelien keine zuverlässigen Berichte über die wirklichen historischen Ereignisse darstellen."[2] Man fragt sich, wie viele theologische Werke Dawkins wohl gelesen hat, um eine so kühne Aussage treffen zu können. Ganz davon abgesehen, daß er die Theologie ja schon längst als Wissenschaft verworfen hat, ist das, was er hier sagt, schlichtweg falsch. Zwar findet sich rein theoretisch für jede nur vorstellbare Auslegung der Heiligen Schrift auch ein Bibelwissenschaftler, der sie unterstützt, doch in der Frage, ob die Evangelienberichte historisch sind oder nicht, ist man von einem einhelligen Nein weit entfernt. Der katholische Standpunkt in dieser Angelegenheit – der die Meinung von rund 1,1 Milliarden Gläubigen repräsentiert – ist 1965 in der dogmatischen Konstitution über die göttliche Offenbarung *Dei Verbum* kurz und bündig formuliert worden: „Unsere heilige Mutter, die Kirche, hat entschieden und unentwegt daran festgehalten und hält daran fest, daß die vier genannten Evangelien, deren Geschichtlichkeit sie ohne Bedenken bejaht, zuverlässig überliefern, was Jesus, der Sohn Gottes, in seinem Leben unter den Menschen zu deren ewigem Heil wirklich getan und gelehrt hat bis zu dem Tag, da er aufgenommen wurde (vgl. Apg 1,1–2)."[3]

Was die Entstehung des Kanons der Heiligen Schrift betrifft, so behauptet Dawkins, man hätte die kanonischen Evangelien „mehr oder weniger willkürlich aus einer größeren Zahl ausgewählt. Ursprünglich war es mindestens ein Dutzend, darunter das Thomas-, Petrus-, Nikodemus-, Philipp-, Bartholomäus- und Maria-Magdalena-Evangelium."[4] Hier wird deutlich, daß er seine theologischen Kenntnisse offenbar bei Dan Brown erworben hat, denn dieser Überblick über die Entstehung des Neuen Testaments könnte direkt aus *Sakrileg* entnommen sein. Dawkins geht ganz naiv davon aus, daß allein die Bezeichnung „Evangelium" alle antiken Texte auf eine Stufe stellt, und begeht damit denselben Fehler wie Dan Brown und andere Verfasser „religiöser Reißer". Tatsache ist, daß die apokryphen „Evangelien" von Thomas, Philippus, Maria und anderen aus gutem Grund nicht in den Kanon aufgenommen wurden – unter anderem deshalb, weil sie sehr viel später als die kanonischen Evangelien von Autoren verfaßt worden sind, die keine Augenzeugen waren und ein fragwürdiges gnostisches Programm vertraten.

Dawkins schreibt weiter: „Wer die vier Evangelisten waren, weiß niemand, aber mit ziemlicher Sicherheit sind sie nie persönlich mit Jesus zusammengetroffen. Ihre Schriften waren zum größten Teil keineswegs ein ehrlicher Versuch, Geschichte zu schreiben, sondern es waren aufgewärmte Inhalte aus dem Alten Testament; die Autoren der Evangelien waren zutiefst überzeugt, das Leben Jesu müsse alttestamentarische Prophezeiungen erfüllen."[5]

Woher hat er das? Mit welcher Autorität kann er behaupten, die Evangelisten hätten Jesus nie gekannt? Und, was noch unglaublicher ist, wie kann er die „Ehrlichkeit" von Personen beurteilen, deren Identität doch angeblich in historisches Dunkel gehüllt ist?

Solch gravierende historische Irrtümer sind schon bei einem *fiktiven* Werk wie dem von Dan Brown schwer zu schlucken, aber bei jemandem, der mit einem so rigoros wissenschaftlichen Anspruch auftritt, sind sie geradezu unverschämt. Wenn ein Autor wie Dawkins in der Biologie so schlampig arbeiten würde, würde man ihn an der Akademie sehr bald auspfeifen, und er könnte sich einen neuen Job suchen. Ich weiß nicht, was er sagen würde, wenn ich – und ich weiß über Biologie mehr als er über Theologie – mich auf eine so apodiktische Weise über umstrittene Fragen der Mammologie, Ornithologie oder Herpetologie auslassen würde.

Es bleibt die Tatsache, daß die vier Evangelien bis auf den heutigen Tag die zuverlässigsten historischen Quellen sind, die wir über das Leben und die Taten Jesu Christi besitzen. Uns liegen mehr als fünftausend neutestamentliche Handschriften vor, und von vielen kann man mit einer Toleranz von einigen wenigen Jahren bestimmen, zu welchem Zeitpunkt im Leben ihrer Verfasser sie entstanden sind. Das bedeutet, daß die Quellenlage des Neuen Testaments weitaus besser ist als die jedes anderen Texts aus dieser Zeit. Die jüngere Forschung hat zudem gezeigt, daß die Evangelien sehr viel kürzer nach dem Tod Jesu, als ursprünglich angenommen, und in drei von vier Fällen höchstwahrscheinlich von Augenzeugen niedergeschrieben worden sind. Vieles spricht dafür, daß der gesamte Text vor dem Jahr 100 n. Chr. fertiggestellt worden ist. So wird in den ersten drei Evangelien beispielsweise die Zerstörung Jerusalems vorausgesagt, die im Jahr 70 eintrat. Die Erfüllung dieser Prophezeiung wird jedoch nirgends erwähnt, was darauf hinweist, daß der Text vorher entstanden ist. Es gibt eine große Menge an wissenschaftlicher Literatur, die sich mit der Geschichtlichkeit der Evangelien auseinandersetzt, wie *Die historische Zuverlässigkeit der Evangelien* von Craig L. Blomberg oder *Das Neue Testament: glaubwürdig, wahr, verläßlich* von Frederick F. Bruce, um nur zwei zu erwähnen.[6]

Im englischen Sprachraum gibt es eine Redewendung, die besagt, daß Narren dort herumtrampeln, wo Engel kaum aufzutreten wagen. Es scheint, daß Wissenschaftler und Journalisten zuweilen den gleichen Fehler begehen.

20.
HAT ES DEN HISTORISCHEN JESUS WIRKLICH GEGEBEN?

Unsere Atheisten begnügen sich nicht damit, über die heiligen Texte des Christentums herzuziehen – sie bezweifeln auch, daß es Jesus als historische Person wirklich gegeben hat. Dawkins schreibt zum Beispiel, man könne „sogar eine ernsthafte historische Argumentation konstruieren (...) wonach Jesus überhaupt nie gelebt hat."[1] Christopher Hitchens seinerseits bezeichnet die Existenz Jesu als „höchst fragwürdig". Was mir allerdings eher fragwürdig zu sein scheint, ist sein Umgang mit historischen Daten, denn in seinem Werk wimmelt es von sachlichen Fehlern. Drei Seiten nachdem er die Nichtexistenz Jesu verkündet hat, schreibt er, die katholischen Lehren von der Unbefleckten Empfängnis und der Aufnahme Mariens in den Himmel seien 1852 bzw. 1951 verkündet worden. Beide Daten sind falsch.[2] Ein kurzer Blick in die *Wikipedia* hätte ihm verraten, daß das Dogma von der Unbefleckten Empfängnis am 8. Dezember 1854 und das Dogma von der leiblichen Aufnahme Mariens in den Himmel am 1. November 1950 verkündet worden sind. Offenbar haben es die Atheisten auf ihrem atheistischen Kreuzzug nicht nötig, sich um solche Kleinigkeiten wie exaktes wissenschaftliches Arbeiten zu kümmern!

Die Sachlage ist schlichtweg die, daß wir über Jesu tatsächliche Existenz soviel oder so wenig wissen wie über jede andere historische Gegebenheit. Das heißt, daß niemand von uns vor zweitausend Jahren gelebt und daher die Gelegenheit gehabt hat, die Existenz Jesu empirisch zu überprüfen. Also müssen wir uns auf historische Darstellungen stützen. Doch die historische Darstellung ist so überzeugend, wie man es sich nur wünschen kann. Wie Theodore Dalrymple in *The City Journal* schreibt: „Wenn ich in Frage stellen würde, ob George Washington 1799 gestorben ist, könnte ich mein ganzes Leben mit dem Versuch zubringen, es zu beweisen, und müßte doch am Ende meiner Bemühungen einsehen, daß ein oder mehrere Akte des Vertrauens notwendig sind, um die eher banale Tatsache zu glauben, die ich eigentlich beweisen wollte."[3] Mit anderen Worten: Was man glaubt, hängt davon ab, was man *glauben will*.

Viele Wissenschaftler haben sich der Aufgabe gewidmet, alle antiken historischen Hinweise auf Jesus zu sammeln. Wir können hier nur einen sehr kurzen Überblick über das bieten, was sie herausgefunden haben. Der berühmte römische Geschichtsschreiber Tacitus schrieb über abergläubische „Christen" und führt ihren Namen auf einen „Christus" zurück, der zur Regierungszeit des Kaisers Tiberius unter Pontius Pilatus gelitten habe.[4] Sueton, Chefsekretär des Kaisers Hadrian, erwähnt einen Mann namens Chrestus (oder Christus), der im 1. Jahrhundert gelebt habe.[5]

Julius Africanus zitiert den Historiker Thallus in einer Diskussion über die Dunkelheit, die auf die Kreuzigung Jesu folgte.[6] Plinius der Jüngere erwähnt in seinen Briefen frühchristliche rituelle Praktiken wie die Tatsache, daß sie Jesus als Gott verehren, ein Fest der Liebe und das Herrenmahl feiern; außerdem seien diese Christen für ihre Sittsamkeit bekannt.[7] Lukian von Samosata war ein griechischer Schriftsteller des 2. Jahrhunderts, der schrieb, daß Jesus von den Christen verehrt wurde, neue Lehren eingeführt habe und für sie gekreuzigt worden sei. Er habe unter anderem gelehrt, daß alle Gläubigen Brüder seien, Umkehr gepredigt und gefordert, anderen Göttern abzuschwören. Christen, so Lukian, lebten nach den Gesetzen Jesu, hielten sich selbst für unsterblich und zeichneten sich durch ihre Todesverachtung, ihre freiwillige Selbsthingabe und den Verzicht auf materielle Güter aus.

Auch die jüdische Geschichtsschreibung bestätigt, daß Jesus wirklich existiert hat. Der berühmteste jüdische Historiker Flavius Josephus erwähnt in seinen *Altertümern* Jakobus, „den Bruder Jesu, der Christus genannt wurde." In einem umstrittenen Abschnitt (18,3) schreibt er:

> Zu dieser Zeit gab es einen weisen Mann, der Jesus genannt wurde. Sein Verhalten war gut, und (er) war dafür bekannt, daß er tugendhaft war. Und viele Menschen aus den Reihen der Juden und der anderen Völker wurden seine Jünger. Pilatus verurteilte ihn zur Kreuzigung und zum Tod. Doch diejenigen, die seine Jünger geworden waren, gaben ihre Gefolgschaft nicht auf. Sie berichteten, daß er ihnen drei Tage nach seiner Kreuzi-

gung erschienen war und daß er lebte; demnach war er vielleicht der Messias, über den die Propheten Wunder erzählt haben.[9]

Der babylonische Talmud bestätigt die Kreuzigung Jesu am Vorabend des Paschafests und daß man Christus beschuldigte, Zauberei zu praktizieren und zum Abfall vom jüdischen Glauben aufzurufen.[10]

All diese Schriftsteller lebten ausnahmslos in der Zeit Jesu oder nur wenig später. Keiner von ihnen war Christ oder hatte irgendeinen Nutzen davon, wenn er von Jesus berichtete. Die rasche Ausbreitung des Christentums nach dem Tod Jesu und seiner Auferstehung ist insofern erstaunlich genug, weil sie (im Fall Jesu) die Glaubwürdigkeit der eigentlich unglaublichen Behauptung unterstreicht, daß ein Mensch – der den Gläubigen persönlich bekannt ist – Gott selbst ist. Doch es ist in der Tat schwer vorstellbar, daß die Jünger Jesu, eine Handvoll Fischer, in der Lage gewesen sein sollen, so viele ernstzunehmende Schriftsteller ihrer eigenen Zeit im Hinblick auf die Existenz ihres Messias zu täuschen!

Das Wichtigste aber ist, daß die neutestamentlichen Texte selbst die besten historischen Informationen über Jesu Leben und Lehre liefern. Ihre unbefangenen historischen Aussagen über Jesus wurden wenige Jahre nach seinem Tod niedergeschrieben, als viele Zeitgenossen Jesu noch am Leben waren. Dennoch hören wir von keinem Zeitgenossen, der diesen Behauptungen widersprochen oder gesagt hätte, daß Jesus nie gelebt hat. Das ist ein völlig ausreichender historischer Beweis dafür, daß es ihn wirklich gegeben hat. Wer dies leugnet, ignoriert die eindeutige historische Quellenlage zugunsten eines persönlichen Programms.

Der schlagendste Beweis für Jesu historische Existenz ist jedoch das Zeugnis Tausender von Christen im 1. Jahrhundert n. Chr. einschließlich der zwölf Apostel, die bereit waren, ihr Leben als Märtyrer für Jesus Christus hinzugeben. Sie hätten dem Tod entrinnen können, wenn sie Christus verleugnet hätten oder wenn sie vorgetreten wären und gesagt hätten, das alles sei nur ein Scherz gewesen. Doch das ist nicht geschehen. Manche Menschen sterben für das, was sie für wahr halten; niemand stirbt für etwas, das er für eine Lüge hält.

21.

HAT JESUS DIE KIRCHE GEGRÜNDET, ODER WURDE ER VON SEINEN GEFOLGSLEUTEN INSTRUMENTALISIERT?

Atheisten eifern zwar gegen Gott, doch noch größer ist ihre Verachtung für die organisierte Religion. Obwohl sie in Frage stellen, daß Jesus jemals existiert hat, und die Ansicht vertreten, das Evangelium sage nichts Zuverlässiges über ihn aus, sind sie mehr als bereit, kategorisch zu erklären, daß er nie die Absicht gehabt habe, eine Kirche zu gründen. Wie sie das ohne die Evangelienberichte wissen können, ist ein echtes Wunderwerk atheistischer Logik. Hitchens schreibt beispielsweise, daß die Jünger Jesu „nicht ahnen konnten, daß auf der Grundlage der Lehren ihres Meisters je eine Kirche gegründet werden würde" und daß Jesus selbst „völlige Gleichgültigkeit gegenüber der Gründung einer irdischen Kirche"[1] an den Tag gelegt habe.

Das ist eine kühne Behauptung. Die Vorstellung von einer Kirche war den frühen Christen sehr vertraut, und sie alle betrachteten die Kirche als von Jesus Christus gegründet. Das Neue Testament wimmelt geradezu von Hinweisen auf die Kirche. Der Apostel Paulus, der im 1. Jahrhundert schreibt, bezieht sich an die fünfdutzendmal in seinen Briefen auf die „Kirche" *(Ekklesia)*, und es gibt kein

Indiz dafür, daß irgend jemand aufgestanden wäre und ihm vorgeworfen hätte, eine von Jesus nie beabsichtigte Neuerung einzuführen. Er spricht in vielen verschiedenen Metaphern von der sichtbaren Kirche als dem Leib Christi, als Christi makelloser Braut, als der Gemeinschaft christlicher Gläubiger, als dem Haushalt Gottes, als dem Pfeiler und Bollwerk der Wahrheit. Er schreibt überdies von „Diakonen", „Presbytern" und „Bischöfen" – was beweist, daß es schon im 1. Jahrhundert einen christlichen Klerus mit verschiedenen Ämtern gegeben hat.

Der Apostel Johannes verwendet den Begriff „Kirche" mehrere Male in seinem dritten Brief und überdies mehr als zwanzigmal im Buch der Offenbarung, das ihm gemeinhin zugeschrieben wird. Der Apostel Petrus verwendet den Begriff „Kirche" in seinem ersten Brief, und auch im Jakobusbrief ist er zu finden. Diese drei Männer gehörten alle dem ursprünglichen Kreis der zwölf Apostel an, die Christopher Hitchens zufolge nicht ahnten, „daß je eine Kirche gegründet werden würde." Entweder haben wir es hier mit einer Verschwörung sämtlicher Jünger gegen den Willen ihres Herrn zu tun, oder Hitchens hat irgend etwas völlig falsch verstanden.

Aber lassen Sie uns zum Zeugnis Jesu selbst zurückkehren. Den Text, der seine Behauptung am eindeutigsten widerlegt, erwähnt Hitchens nicht einmal. Das Matthäusevangelium überliefert, daß Jesus im Beisein der anderen Jünger folgende Worte an Petrus richtete: „Ich aber sage dir: Du bist Petrus, und auf diesen Felsen werde ich meine Kirche bauen, und die Mächte der Unterwelt werden sie nicht überwältigen" (Mt 16,18). Anders als andere Denker und Gründer hat Jesus nichts Schriftliches hinterlassen; was uns aber vorliegt, ist seine erklärte Absicht, eine Kirche zu gründen.

Welche anderen Beweise gibt es für die Pläne Jesu? Sorgfältig wählte er zwölf „Apostel" aus, die er von den vielen anderen Jüngern absonderte. Sie erhielten, wenn man so will, eine Spezialausbildung, und er erklärte ihnen im Privaten viele Dinge, die er größeren Menschenansammlungen nicht verkündete. Diese Zahl zwölf erinnert an die zwölf Stämme Israels, des „Volkes Gottes", und drückt die Absicht aus, ein neues Israel zu gründen.

Die frühen Christen hielten dieses besondere „Kollegium" der zwölf Apostel, die Jesus umgaben, für wichtig. Als Judas, einer der Zwölf, Jesus verraten und anschließend Selbstmord begangen hatte, beeilte sich die christliche Gemeinschaft, jemanden zu ernennen, der seinen Platz übernehmen sollte (vgl. Apg 1,15–26). Die Ernennung von Nachfolgern für die Apostel spricht dafür, daß die Apostel in der Vorstellung der Christen keine bloße Gruppe von Individuen, sondern eine institutionelle Struktur verkörperten, die in der Zeit fortdauern sollte. Die Apostel hinterließen eine strukturierte Gemeinschaft unter der Leitung anerkannter Hirten, die sie aufbauten und aufrechterhielten. Damit, so empfanden es alle, erfüllten sie die ausdrücklichen Wünsche Jesu.

Die atheistischen Autoren sind mit ihren Versuchen, sich als Bibelexegeten zu betätigen, auf die Nase gefallen, und der beste Rat, den man ihnen geben kann, ist der, daß sie bei ihren Leisten bleiben sollten. Jesus hatte nicht nur die Absicht, eine Kirche zu gründen – er hat es getan.

22.

SIND CHRISTEN SEXHASSER? FÜHRT GLAUBE ZU SEXUELLER VERKLEMMTHEIT?

Die atheistische Kritik am Christentum beschränkt sich nicht auf die Autorität der Bibel oder die Institution der Kirche. Auch Kernpunkte der christlichen Lehre kommen unter Beschuß – und an allererster Stelle steht hier die Sexualmoral. Christopher Hitchens bemerkt, das Christentum sei „zu verklemmt, um Sex im Paradies in Aussicht zu stellen", und wiederholt die alte Leier, wonach Religion – und Gott – Sex ablehnt und zu einer „heiligen Furcht vor dem Geschlechtsakt sowie allen damit in Zusammenhang stehenden Impulsen und Notwendigkeiten" führt. Religiöser Glaube sei „Folge und Ursache einer gefährlichen sexuellen Repression", so Hitchens[1] (als ob die sexuelle Repression eines der größten Probleme des 21. Jahrhunderts wäre!). Doch Nichtgläubige vergessen gerne das erste Gebot, das Gott dem Mann und der Frau im biblischen Schöpfungsbericht gegeben hat: „Seid fruchtbar und vermehrt euch" (Gen 1,28). Salopp formuliert könnte man den ersten Auftrag Gottes an seine neue Schöpfung ungefähr so wiedergeben: „Habt Sex!"

Von dem Moment an, wo Hitchens mit seinen Schlußfolgerungen beginnt, hat keine Religion mehr eine Chance, es in Sachen Sex richtig zu machen. Denn Hitchens beklagt sich einerseits darüber, daß Jesus *zu wenige* Nachkommen, und andererseits darüber, daß Mohammed *zu viele* Nachkommen gehabt habe. Wie Goldlöckchen in dem bekannten Märchen findet er das eine Bett zu hart und das andere zu weich. Für Hitchens muß Sex „genau richtig" sein – das heißt, er muß seinen eigenen Neigungen entsprechen. Und wie diese Neigungen geartet sind, kann man sich unschwer vorstellen, denn Hitchens verkündet mit allergrößter Autorität: „Die menschliche Art ist ganz offensichtlich dazu geschaffen, mit ihrer Sexualität zu experimentieren."[2]

Daß Christen angeblich Sexhasser sind, ist nur ein Nebenprodukt des eigentlichen Mythos, der Jesus als die größte Spaßbremse der Geschichte darstellt; in einer Welt, in der jede Party zur Orgie ausarten muß, ist sexuelle Enthaltsamkeit zwangsläufig das übelste Symptom einer solchen Antistimmung. Doch jeder, der sich die Zeit nimmt herauszufinden, was Jesus und die Christen nach ihm *wirklich* über Sex denken, wird feststellen, daß das Gegenteil der Fall ist. Schließlich ist Jesus der, dessen Anliegen erklärtermaßen darin bestand, daß „sie das Leben haben und es in Fülle haben" (Joh 10,10). Jesus ist nicht gekommen, um der menschlichen Freude einen Dämpfer zu versetzen, sondern um sie zur Vollendung zu führen. Es stimmt, daß das Christentum nicht zu ungehemmter sexueller Zügellosigkeit aufruft, doch der Zweck, der sich dahinter verbirgt, ist nicht, die Freude zu mindern, sondern sie zu steigern. Ein gewisses Maß an Selbstbeherrschung führt zu größerem Glück als rückhaltlose Ausschweifung.

Gewiß war das Christentum nicht immun gegen die Versuchung des Manichäismus mit seiner Verachtung der Materie und des Körperlichen, und gelegentlich hat sich ein puritanischer Geist im christlichen Denken Bahn gebrochen, doch immer waren es die Christen selbst, die diese Strömungen wieder in die Schranken gewiesen haben. Die jüngere christliche Theologie verdient in dieser Hinsicht besondere Beachtung. Manche vertreten die Auffassung, der wichtigste Beitrag Papst Johannes Pauls II. zum christlichen Denken sei seine bemerkenswerte Fünfjahreskatechese *Die menschliche Liebe im göttlichen Heilsplan: eine Theologie des Leibes.*[3] In diesen Ansprachen zeigt Johannes Paul die Schönheit der menschlichen Sexualität als eines besonders beredten Spiegelbilds von Gottes eigener Liebe.

Selbst die frühchristliche Tradition des Zölibats (vgl. Mt 19,12; 1 Kor 7,7–19) bringt keine Verachtung, sondern im Gegenteil die allerhöchste Wertschätzung der Sexualität zum Ausdruck. Menschen opfern Gott keine wertlosen Dinge, sondern das, was ihnen am meisten am Herzen liegt. Zudem ist der Zölibat nie als eine Lebensweise für die Mehrheit der Christen, sondern als ein Weg für die wenigen verkündet worden, die berufen sind, dem Herrn noch direkter nachzufolgen, sich selbst ganz dem Dienst an der Kirche zu widmen und Zeugnis abzulegen vom Vorrang der himmlischen über die irdischen Dinge. Daß in unserer Mitte Männer und Frauen leben, die sich zum Zölibat verpflichtet haben, erinnert uns daran, daß die Gottesliebe das Herz eines Menschen ganz und gar auszufüllen vermag und daß die Welt, wie wir sie kennen, „vergeht" (1 Kor 7,31).

Es war jedoch kein Christ, sondern eine 23 Jahre alte orthodoxe Jüdin namens Wendy Shalit, die 1999 ein aufschlußreiches Buch mit dem Titel *A Return to Modesty: Discovering the Lost Virtue* geschrieben hat. Darin tritt Frau Shalit auf beeindruckende Weise für den Wert der Mäßigung ein, die – man höre und staune – das sexuelle Interesse wachhalte und verhindere, daß die Menschen abgestumpft und sexverdrossen werden. Was das Schöne, das Faszinierende und das Gefallen am Sex zunichtemacht, ist keine Verklemmtheit, so ihre überzeugende Argumentation, sondern ein Übermaß an sexueller Freizügigkeit. Wenn Sex zu einer billigen Ware gemacht und seiner Heiligkeit beraubt wird, verliert er seinen Reiz und wird uninteressant.[4]

Shalits Ergebnisse werden offenbar durch Studien bestätigt, die eine Beziehung zwischen religiöser Praxis und einem erfüllten Sexualleben herstellen. Die 1994 durchgeführte Meinungsumfrage *Sex in America* hat ergeben, daß sehr religiöse Frauen in der Ehe größere sexuelle Erfüllung finden als nichtreligiöse Frauen. Ebenso haben verschiedene unabhängige Studien gezeigt, daß Männer ohne Religionszugehörigkeit übereinstimmend einen niedrigeren Grad ehelicher sexueller Erfüllung angeben als die männlichen Angehörigen einer beliebigen Religionsgemeinschaft.[5]

In ihrem 2003 erschienenen Buch *The Psychology of Religion: An Empirical Approach* stellen der Forscher Bernard Spilka und seine Mitautoren fest, daß Religion wenn überhaupt einen positiven Einfluß auf die sexuelle Erfüllung hat. 1970 hatten die Sexologen William Masters und Virginia Johnson in ihrem Werk *Human Sexual Inadequacy* angedeutet, daß Religion das sexuelle Vergnügen vermutlich beeinträchtige. Entgegen den übrigens auch nicht weiter belegten Unterstellungen von Masters und Johnson fanden Spilka und sein Team jedoch heraus, daß das Gegenteil der Fall ist. Der angegebene Grad sexueller Aktivität ist bei den religiösen Befragten eindeutig höher als bei den nichtreligiösen. Spilka faßt seine Ergebnisse so zusammen: „Die Religion scheint eine sexuell erfüllte Beziehung nicht zu behindern oder zu beeinträchtigen."[6] Soviel zu der Behauptung, Religion hemme den Sex.

Hitchens' Angriffe auf die Religion können seine eigenen Tendenzen und Vorurteile oft nur unzulänglich verhüllen. Das ist zum Beispiel dort der Fall, wo er sexuelle Verbote als das Ergebnis verdrängter Sehnsüchte diagnostiziert. Hitchens erklärt leichthin: „Alles Erdenkliche – von der Homosexualität bis hin zur Inzucht – wird nur dann unter Strafe gestellt, wenn diejenigen, die das Verbot aussprechen (…) den unterdrückten Wunsch verspüren, es selbst auszuprobieren."[7] Das ist ein großes Wort. Spiegelt also alles, was wir verbieten, unseren angeborenen, verborgenen Wunsch wider, dasselbe zu tun? Wenn wir Vergewaltigung unter Strafe stellen, verraten wir damit unsere verdrängte Sehnsucht, Vergewaltiger zu sein? Oder enthüllt unsere Ablehnung der Folter einen heimlichen Drang, uns in ähnlicher Weise zu betätigen? Oder gilt dieses psychologische Prinzip nur in Fragen der Sexualität? Ich sehe ein, daß Hitchens Journalist ist und man nicht erwarten kann, daß er sich überall auskennt. Doch bei allem gebotenen Respekt sollte er doch in der Lage sein, keine Anschuldigungen nachzubeten, die den Tatsachen schlichtweg widersprechen.

Teil V

ATHEISMUS UNTER DER LUPE

Genug der Verteidigung. In diesem abschließenden Teil wollen wir den Spieß umdrehen und einen raschen Blick darauf werfen, was die Atheisten in ihrer Sache vorbringen können. Wenn der Atheismus, wie viele atheistische Autoren immer wieder beteuern, die bessere Alternative zum religiösen Glauben bietet, dann sollten seine Verdienste für alle sichtbar sein. Welchen realen Nutzen hat der Atheismus dem einzelnen und der Gesellschaft gebracht?

Unser erster Tagesordnungspunkt befaßt sich mit der modernen „Tugend" der Toleranz. Da die Atheisten religiösen Menschen Intoleranz vorwerfen, ist es nur recht und billig zu fragen, ob der Atheismus etwas Besseres zu bieten hat. Zeichnen sich Atheisten durch Toleranz aus, wenn sie mit Menschen zu tun haben, die anderer Meinung sind als sie selbst? Sind ihre Entwürfe für die Gesellschaft von einem größeren Respekt für die Überzeugungen aller oder eher von einer eingeschränkteren Weltsicht geprägt, die von anderen erwartet, daß sie im Gleichschritt mit ihrer neuen Orthodoxie marschieren?

Die zweite Frage befaßt sich mit den staatsbürgerlichen Qualitäten. Nach Ansicht der Atheisten wird ein Mensch ein besserer Bürger, wenn er Gott aus seiner Lebenseinstellung ausblendet. Trifft das zu? Was genau vermag der Atheismus dem Bemühen einer Person um das Gemeinwohl hinzuzufügen? Und wenn der Atheismus tatsächlich etwas Positives für die Gesellschaft ist, warum haben dann Philosophen wie John Locke vorgeschlagen, man solle die Atheisten aus dem öffentlichen Leben ausschließen?

Als nächstes werden wir einen Blick auf das moralische Gefüge des Atheismus werfen. Welchen Ersatz bietet der Atheismus für die christliche Moral, nachdem er sie so wenig überzeugend kritisiert hat? Machen die Atheisten einen zwingenden Vorschlag für einen humaneren Sittenkodex, oder unterminieren sie die eigentlichen Grundlagen der Sittlichkeit? Bietet die Evolutionsbiologie vielleicht überzeugendere ethische Maßstäbe als die Prinzipien der jüdisch-christlichen Tradition?

Unsere letzten beiden Kapitel werden sich mit der Frage auseinandersetzen, ob der Atheismus auf persönlicher Ebene fruchtbar ist. Welche Wirkungen ruft der atheistische „Glaube" in seinen Anhängern hervor? Macht Atheismus glücklich? Beschreiben diejenigen Menschen, die Gott ablehnen, sich selbst als zufrieden mit ihrem Leben und optimistisch in bezug auf die Zukunft, oder sind sie weniger glücklich als gläubige Menschen?

Eine weitere Frage hängt direkt damit zusammen: Macht der Atheismus den einzelnen Menschen seinen Mitmenschen gegenüber großzügiger? Wenn die atheistische Ethik, wie diese Autoren behaupten, dem christlichen Moralkodex überlegen ist, müßte diese moralische Revolution greifbare Resultate hervorbringen. Spenden Atheisten mehr Geld für humanitäre Zwecke als religiöse Menschen? Sind Atheisten großzügiger, wenn es darum geht, ihre Zeit und ihre Fähigkeiten freiwillig in den Dienst der Gemeinschaft zu stellen?

Wie der intelligente Leser wohl schon ahnt, schneiden die Atheisten bei diesen Fragen nicht besonders gut ab. Wenn Sie weiterlesen, werden Sie erfahren, daß der Entwurf der Atheisten um so düsterer aussieht, je weiter man hinter ihre Rhetorik und auf die Fakten schaut.

23.

SIND ATHEISTEN TOLERANTER ALS GLÄUBIGE?

Atheisten beklagen sich über die Intoleranz der religiösen Masse und meinen damit in der Regel nichts anderes als die Begeisterung, mit der die Gläubigen ihre Überzeugungen vor der Welt verkünden. So klagt Christopher Hitchens, wie wir bereits gesehen haben, alles, was er wolle, sei, daß die religiösen Menschen „mich auch in Ruhe lassen",[1] während Sam Harris sich über die bösen Briefe beklagt, die er als Reaktion auf sein Buch *Das Ende des Glaubens* erhielt und in denen er gedrängt wurde, auf den rechten Weg zurückzukehren, seinen Atheismus aufzugeben und an die Frohe Botschaft zu glauben, ehe es zu spät ist. Harris schreibt, viele, die glauben, von Christi Liebe verwandelt zu sein, seien „zutiefst oder sogar mörderisch intolerant gegenüber Kritikern".[2]

Das ist eine Übertreibung, denn die religiöse Intoleranz scheint zumindest im heutigen Amerika eher harmlos zu sein. Ich kenne keine Christen, die glauben, daß Atheismus oder nichtchristliche Religionen per Gesetz verboten werden sollten. Ich weiß nichts von Bestrebungen, Atheisten an den Pranger zu stellen oder Methodisten zu isolieren. Religions- und Gewissensfreiheit sind die hart erkämpften Errungenschaften der westlichen Zivilisation. Christen sind der Auffassung, daß Glaube und Gottesdienst freiwillig sein müssen, um überhaupt einen Wert zu haben, und lehnen demzufolge die Vorstellung ab, daß religiöser Glaube erzwungen werden kann. Auch wenn einige Fanatiker damit vielleicht nicht einverstanden sind, stimmen doch inzwischen alle wichtigen Religionen darin überein, daß Glaubensinhalte nicht mit dem Schwert verbreitet werden dürfen.

Wie machen sich aber unsere atheistischen Freunde auf der Toleranzskala? Nicht sehr gut, wie sich herausstellt. Manchmal ist die Intoleranz von Atheisten schlichtweg beleidigend. Christopher Hitchens schreibt, die Religion sei „gewalttätig, irrational und intolerant"; sie stehe „im Bund mit Rassismus, Stammesdünkel und Bigotterie", komme „aus der lärmenden und verängstigten Kindheit unserer Spezies" und entspringe „dem infantilen Versuch, unseren Drang nach Wissen (...) zu stillen." Dementsprechend verdienen auch religiöse Menschen nichts als Verachtung. Augustinus ist laut Hitchens ein „egozentrischer Fanatiker und geozentrischer Ignorant", während Billy Graham ein bloßer Ausbeuter und „allein schon mit seinem Opportunismus und seinem Antisemitismus eine nationale Schande ist". Moses war ein „fanatischer" Mensch, Johannes Calvin „ein Sadist" und Mahatma Gandhi ein „Obskurantist", der die Befreiung Indiens „an sich riß". Die Offenbarung des Evangelisten Johannes besteht aus „wirren Fantasien", während der Apostel Paulus „mit Furcht und Verachtung von der Frau" spricht. Um sich auf ewig Hitchens' Geringschätzung zuzuziehen, muß man nur eines tun: sich zu einem religiösen Glauben bekennen.³

Doch zuweilen geht die Intoleranz der Atheisten über bloße Beschimpfungen hinaus. In *Das Ende des Glaubens* versteigt sich Sam Harris zu der düsteren Prophezeiung: „Worte wie ‚Gott‘ oder ‚Allah‘ müssen denselben Weg gehen wie ‚Apoll‘ und ‚Baal‘, oder sie werden unsere Welt vernichten." Während er das Christentum an einer früheren Stelle heftig für seine angebliche Intoleranz kritisiert hat, vollzieht er nun eine Kehrtwende und beginnt, seine Brüder im Unglauben zur aktiven *Intoleranz* gegen die Religion anzustacheln. Er stellt die erschreckende Behauptung auf, das Ideal der religiösen Toleranz sei „eine der Hauptkräfte, die uns in den Abgrund treiben." „Angesichts der Beziehung zwischen Religion und Aktion", so fügt er hinzu, „können wir die Vielfalt der religiösen Überzeugungen ebensowenig dulden wie die Vielfalt von Überzeugungen über Epidemiologie und die Grundsätze der Hygiene."⁴ Ja, Sie haben richtig gelesen. Die religiöse Toleranz ist der Schuldige und muß weg. Man darf den Menschen nicht länger erlauben zu glauben, was sie wollen. Sie müssen ihren Glauben aufgeben oder die Folgen tragen.

Und worin bestehen diese Folgen? Harris läßt uns nicht lange im unklaren: „Die Beziehung zwischen Glauben und Verhalten erhöht den Einsatz beträchtlich. Einige Lehren sind so gefährlich, daß es vielleicht sogar ethisch wäre, Menschen zu töten, weil sie an sie glauben. Diese Behauptung mag ungewöhnlich scheinen, trifft jedoch lediglich eine Aussage über den faktischen Normalzustand der Welt, in der wir leben."⁵ Bestürzt schrieb Theodore

Dalrymple in seiner Rezension, diese Worte seien „höchstwahrscheinlich das Erbärmlichste, was ich je in einem Buch eines Autors gelesen habe, der sich als Rationalist ausgibt."[6]

Diese atheistische Intoleranz gilt nicht nur religiösen Fanatikern. Religiöser Fanatismus ist ja für Harris, Hitchens und Dawkins nicht das Hauptproblem. Die gemäßigte Religion ist noch viel besorgniserregender, weil sie uns über die Gefahren hinwegtäuscht, die in der Religion selber schlummern. So schreibt Harris, daß „das größte Problem, vor dem die Zivilisation steht, nicht nur der religiöse Extremismus ist: es sind die weitaus zahlreicheren kulturellen und intellektuellen Zugeständnisse, die wir dem Glauben selbst gemacht haben. Die gemäßigten Frommen sind großenteils für den religiösen Konflikt in unserer Welt verantwortlich."[7] Genug der Nettigkeiten. Genug damit, daß religiöse Gläubige behandelt werden, als verdienten sie Respekt. Die Religion muß sterben.

Mit solchen extrem religionsfeindlichen Ansichten steht Harris nicht alleine da. Auch wenn Hitchens behauptet, er würde den religiösen Glauben, selbst wenn er glaubte, dazu fähig zu sein, nicht verbieten, zitiert er doch des langen und breiten und mit unverhohlener Bewunderung Karl Marx und seine Ansicht, daß „die *Aufhebung der Religion* als des illusorischen Glücks des Volkes (...) die Forderung seines wirklichen Glücks" sei (Kursivdruck hinzugefügt).[8] Nicht einmal eine Generation ist seit dem Fall der Berliner Mauer vergangen, und schon scheint Hitchens vergessen zu haben, in welche Katastrophen solche Versuche der Menschheit, Religion auszurotten und ihresgleichen ein atheistisches Weltbild aufzuzwingen, geführt haben. Will Hitchens allen Ernstes behaupten, der real existierende Marxismus in irgendeiner seiner Verkörperungen habe zu jenem irdischen Paradies geführt, das sein Gründer sich erhofft hatte?

Wenn man diese atheistischen Traktate liest, behält man das ungute Gefühl zurück, daß zumindest einige ihrer Autoren, wenn sie die Chance dazu hätten, Gesetze billigen würden, die die Religionsausübung verhindern. Auch wenn sie das nicht wahrhaben wollen, scheint es doch, als ob Hitchens, Dawkins und andere von der atheistischen Zunft bereit wären, die Gewissensfreiheit über Bord zu werfen und alle Bürger im atheistischen Gleichschritt marschieren zu lassen. Wo bleibt der empörte Aufschrei der Vernünftigen? Soll ausgerechnet die atheistische Intoleranz – die verheerendste in der Geschichte – von uns geduldet werden?

24.

SIND ATHEISTEN BESSERE BÜRGER ALS RELIGIÖSE MENSCHEN?

Um ihren Standpunkt zu untermauern, zitieren Christopher Hitchens und Richard Dawkins gerne ihre Lieblingsaufklärer, darunter vor allem den Amerikaner Thomas Jefferson. Thomas Jefferson wiederum war ein großer Bewunderer des britischen Aufklärers und Philosophen John Locke, den die atheistischen Autoren allerdings stillschweigend übergehen. In seinem berühmten *Brief über Toleranz* befaßt sich Locke mit der Frage, ob eine Gesellschaft jedes wie auch immer geartete religiöse Bekenntnis dulden sollte. Fast jedes, so lautet seine Antwort. Und, was bemerkenswert ist: es sind die Atheisten selbst, die Lockes Ansicht nach *nicht* geduldet werden können. Er schreibt:

> Letztlich sind diejenigen ganz und gar nicht zu dulden, die die Existenz Gottes leugnen. Versprechen, Verträge und Eide, die das Band der menschlichen Gesellschaft sind, können keine Geltung für einen Atheisten haben. Gott auch nur in Gedanken wegnehmen, heißt alles auflösen. Auch abgesehen davon können die, die durch ihren Atheismus alle Religion untergraben und zerstö-

ren, sich nicht auf eine Religion berufen, auf die hin sie das Vorrecht der Toleranz fordern könnten.[1]

Lockes Worte sind interessant – nicht, weil er der Ansicht ist, daß Atheisten nicht toleriert werden dürfen, sondern wegen der Gründe, die er dafür anführt. Locke glaubte, daß man einem Menschen, der Gott (wenn auch nur in Gedanken) abschafft und daher nicht damit rechnet, in der Ewigkeit für seine Taten verantwortlich gemacht zu werden, aufgrund dieses mangelnden Verantwortungsbewußtseins nicht trauen könne. Ich bezweifle nicht, daß es viele verantwortungsbewußte, rechtschaffene Atheisten gibt. Gleichzeitig werde ich den Verdacht nicht los, daß Locke einem Zusammenhang auf der Spur war. Wir Menschen sind zuweilen so schwach, so wankelmütig und so unglaublich engstirnig, daß die meisten von uns eine wirklich starke Motivation brauchen, um das Richtige zu tun – vor allem dann, wenn es schwierig ist. Die Überzeugung, daß wir eines Tages unserem Schöpfer gegenüberstehen und für unsere Taten Rechenschaft ablegen müssen, kann in vielen Fällen das Zünglein an der Waage sein. Selbst wenn wir die Eide mal beiseitelassen – wer wäre schon gerne von jemandem regiert, der auf die Vorstellung von einer letztgültigen Gerechtigkeit, Belohnung und Bestrafung, von der Menschenwürde und von unserer Rechenschaftspflicht gegenüber einem Wesen pfeift, das unendlich größer ist als wir selbst?

Ohne ein höchstes Wesen oder eine allgemein anerkannte Wahrheit haben Atheisten, Agnostiker und Humanisten gleichermaßen einige sehr große Probleme, wenn sie eine erfolgreiche oder auch nur funktionale Weltanschauung etablieren wollen. Ohne Gott oder irgendeine moralische Grundlage fehlt im Gefüge unserer Gesellschaft ein großer und wesentlicher Baustein. Der Atheismus wird in aller Regel nicht aus eigener Kraft populär, sondern steht auf den Schultern tragfähiger sozialer und moralischer Rahmenbedingungen, die von den großen Weltreligionen garantiert werden. Im Namen der intellektuellen Aufklärung bietet die Gottlosigkeit den Mitgliedern meist wohlhabender Gesellschaften eine zeitweilige Flucht vor den alltäglichen Lebens- und Benimmregeln, die ihre heimische Religion ihnen vorschreibt.

Letztlich gibt es jedoch nur eine Alternative zur moralischen Wahrheit, und das ist die Gewalt. Dort, wo keine einheitliche Vorstellung von richtig und falsch und keine moralische Verantwortung mehr besteht, bleiben nur rivalisierende subjektive Weltanschauungen. Der stärkste Wille triumphiert, und eine tyrannische Oligarchie – eine neue „moralische" (oder unmoralische) Mehrheit – wird letztlich jedem ihre politische Korrektheit aufzwingen.

Auch eine solche Kosten-Nutzen-Aufstellung ist nicht geeignet, die Existenz Gottes oder die Wahrheit dieser oder jener Religion zu beweisen oder zu widerlegen. Sie ist aber durchaus geeignet – und das gelingt ihr meiner Ansicht nach voll zufriedenstellend –, den Mythos zu zerstreuen, daß Atheisten in irgendeiner Weise bessere Bürger wären als ihre religiösen Landsleute. Die Abwesenheit Gottes vermag den staatsbürgerlichen Qualitäten eines Menschen nichts hinzuzufügen, im Gegenteil: sie beeinträchtigt sie eher. Die „Abschaffung" Gottes läßt den Kaiser unhinterfragt und ebnet nur allzu leicht dem Totalitarismus den Weg. Historisch gesehen war die Fähigkeit religiöser Menschen, sich auf eine höhere moralische Autorität als die des Staates zu berufen, ein wirkungsvolles Mittel, den Staat unter Kontrolle zu halten.

Christopher Hitchens' Bruder Peter, der Christ ist, erzählt, daß Christopher gerne stichelt und sagt, eine vom Glauben regierte Welt sähe aus wie Nordkorea, ein Staat, der alles weiß und alles reglementiert. Umgekehrt wird ein Schuh daraus. Wie Peter anmerkt, ist Nordkorea das exakte Gegenteil eines von Wahrheit und Gewissen regierten Landes. Dieses Land wird von Menschen regiert, „die nicht an Gott oder das Gewissen glauben, wo niemandem zugetraut wird, seine eigenen Entscheidungen zu treffen, und wo der Staat für die Menschen entscheidet, was richtig und was falsch ist. Und genau dorthin steuert letzten Endes das atheistische Denken."[2]

25.
SIND ATHEISTEN ETHISCHER ALS GLÄUBIGE?

Da die Atheisten sich lang und breit darüber auslassen, wieviel Böses im Namen der Religion getan worden ist, muß die Frage erlaubt sein, wie gut die Atheisten im Bereich der Moral mit den Gläubigen mithalten. Ich möchte mich hier nicht damit aufhalten, die Unmengen an Blut zu dokumentieren, die im 20. Jahrhundert im Namen des Atheismus vergossen worden sind, aber ich will doch einen etwas gründlicheren Blick darauf werfen, weshalb der Atheismus kein funktionierendes ethisches System zu bieten hat.

Ich habe bereits erwähnt, daß Hitchens sich auf vier „nicht weiter reduzierbare Einwände" gegen den religiösen Glauben stützt. Ich möchte an dieser Stelle nun meinerseits „vier nicht weiter reduzierbare Einwände" gegen eine atheistische Moral formulieren. Erstens: eine rein materialistische Ethik erkennt dem Menschen an sich keinen ihm als Mensch innewohnenden Wert zu; deshalb ist das, was man einer Person antut, in moralischer Hinsicht belanglos. Zweitens: die Kategorien „richtig" und „falsch" verlieren in einer rein materiellen Welt ihre Bedeutung. Drittens: ein echter Materialist muß den freien Willen und damit auch die moralische Verantwortung leugnen. Viertens: eine auf der Evolutionstheorie fußende Ethik ist zwangsläufig blutrünstig und grausam.

Was meinen ersten Punkt, also den Wert der menschlichen Person betrifft, so möchte ich an den gesunden Menschenverstand meiner Leser appellieren. Welche Theorie vom Menschen wird wohl eine humanere Ethik hervorbringen: eine, die glaubt, der Mensch sei in den Augen seines Schöpfers von einzigartigem Wert, oder eine, die glaubt, der Mensch sei nur ein Klumpen Materie und an sich nicht wertvoller als ein Misthaufen? Welche rationale Rechtfertigung kann es – von den möglichen Folgen für einen selbst einmal abgesehen – dafür geben, einen Klumpen Materie anders zu behandeln als den anderen? Wenn es keinen Gott gibt und alles nur auf chemischen Reaktionen beruht, wer kann dann sagen, daß die ethische Meinung, die unser ganz persönlicher Materieklumpen von sich gibt, besser ist als die von Saddam Hussein?

Im Grunde wirft Hitchens dem Christentum vor, es messe den Menschen einen *viel zu großen Wert* bei. Er schreibt, die Religion lehre die Menschen, egozentrisch zu sein, weil sie ihnen versichere, Gott „kümmere sich um jeden einzelnen", während in Wirklichkeit „unsere Stellung im Universum (...) so unvorstellbar bedeutungslos" ist, „daß wir sie mit unserer lächerlichen Ausstattung von drei Pfund Gehirnmasse nicht erschöpfend begreifen können. Nicht minder schwer fällt die Erkenntnis, daß unsere Anwesenheit auf der Erde womöglich ein Produkt des Zufalls ist."[1]

In dem Moment jedoch, da wir von der Sonderstellung des Menschen im Universum abrücken, fällt auch unsere Moral weg. Die Entscheidung darüber, ob wir einen Mitmenschen mit Respekt behandeln oder nicht, bleibt unserer flüchtigen Neigung oder dem Gedanken an die eventuellen negativen Konsequenzen überlassen. Wo diese moralischen Sanktionen nicht gegeben sind, gibt es keinen vernünftigen Grund dafür, einen Menschen besser zu behandeln als einen Stein. In seinem ganzen Werk bezeichnet Hitchens die Menschen immer wieder schlicht als „Säugetiere", um deutlich zu machen, daß wir nur eine Spezies unter vielen sind, doch fühlt man sich dadurch zu der unbehaglichen Vorstellung veranlaßt, daß es für Hitchens keinen wirklichen moralischen Unterschied zwischen einem Menschen und einer Feldmaus gibt.

Zweitens sind die Kategorien von „richtig" und „falsch" für einen Materialisten letztlich bedeutungslos. Taten können praktisch oder unpraktisch, angenehm oder unangenehm, nützlich oder nutzlos, aber niemals „edel", „tugendhaft" oder „gut" sein. Die Begriffe gut und schlecht, besser und schlechter, sind empirisch bedeutungslos, und dasselbe gilt für Ausdrücke wie „Menschenwürde", „Rechte" oder „Pflichten". Mag sein, daß man auf das Leid anderer Menschen instinktiv mit Mitleid reagiert, doch es gibt keine rationale Rechtfertigung für irgendein moralisches Verhalten, außer den eigennützigen Hobbesschen Verträgen, mit denen wir unsere eigene Haut retten. Das Erschreckende ist, daß Atheisten außer ihren eigenen Empfindungen keinerlei moralische Orientierung haben. Ein echter Materialist kennt keine begründeten Werturteile.

Denken Sie nur, welche Folgen diese Position hätte. Der Holocaust könnte nicht als moralisch falsch verurteilt werden. Die Terroranschläge vom 11. September könnten nicht als moralisch falsch verurteilt werden. Die Massaker an der Columbine High School und der Virginia Tech könnten nicht als moralisch falsch verurteilt werden. Ein echter Materialist kann in puncto richtig und falsch nichts in sich Stimmiges sagen oder tun, ja mehr noch: eine materialistische Nicht-Ethik muß unweigerlich zu solchen moralischen Katastrophen wie den eben erwähnten führen. Ideen haben Konsequenzen, und die Atheisten täten gut daran, sich das ins Gedächtnis zu rufen, wenn sie ihre Bleistifte spitzen, um eine atheistische Gesellschaft herbeizuschreiben.

Christopher Hitchens' Bruder Peter hat eine Rezension zu *Der Herr ist kein Hirte* geschrieben. Darin gelangt er, was die von Christopher vorgebrachten ethischen Ansprüche betrifft, zu einer vernichtenden Analyse:

> Er bezieht sich sogar auf das „Gewissen" und prangert mit donnernder Stimme verschiedene böse Taten an. Woher will er aber eigentlich so sicher wissen, was richtig und was falsch ist? Wie kann die Vorstellung von einem Gewissen in einer Welt des beliebigen Zufalls irgendeine Bedeutung haben, wenn wir doch letztlich alle nur Ansammlungen von Molekülen sind, die in sinnloser Verwirrung umherwirbeln? Warum sollte man auf seine innere Stimme hören? Das ist ebenso absurd wie die Vorstellung von einem Kompaß ohne magnetischen Norden. Genausogut könnte man sein moralisches Handeln nach seiner Gallenblase ausrichten.[2]

Drittens leugnen echte Materialisten letztlich den freien Willen und die Verantwortung des Menschen. In dieser Hinsicht ist Richard Dawkins auf eine überraschende (und selbstzerstörerische) Weise mit seinem Materialismus im Einklang. Er macht keinen Hehl daraus, daß er den freien Willen leugnet, wischt damit aber gleichzeitig auch die Ethik vom Tisch:

> Als Wissenschaftler glauben wir, daß menschliche Gehirne, auch wenn sie nicht genauso arbeiten wie menschengemachte Computer, ebenso sicher von den Gesetzen der Physik gelenkt werden. Wenn ein Computer nicht funktioniert, bestrafen wir ihn nicht. Wir gehen dem Problem auf den Grund und lösen es in der Regel durch Austausch einer beschädigten Hardware- oder Softwarekomponente.
> Ist der Mörder oder der Vergewaltiger nicht auch bloß eine Maschine mit einer defekten Komponente? Oder einem defekten Elternhaus? Einer defekten Erziehung? Defekten Genen?
> Führt dann aber eine wirklich wissenschaftliche, mechanistische Auffassung vom Nervensystem nicht auch die Idee der Verantwortung ad absurdum? Jedes Verbrechen, so abscheulich es auch sein mag, ist im Grunde auf bereits vorher bestehende Bedingungen zurückzuführen, die durch die Physiologie, die Erbanlage und das Umfeld des Angeklagten agieren.[3]

Diese Leugnung der Willensfreiheit führt notwendig zu der Schlußfolgerung, daß wir unsere persönliche Verantwortung für alle unsere Entscheidungen (scheinbare Entscheidungen, denn wir sind ja nicht freier als eine Chrysantheme oder eine Küchenmaschine) über Bord werfen können. Vielleicht war es nicht gerade der Teufel, der uns diese Entscheidungen hat treffen lassen, aber auf jeden Fall unsere Gene und unser Umfeld. Christen leugnen den Einfluß der Gene und der Kultur auf das menschliche Verhalten nicht, vertreten jedoch die Auffassung, daß der Mensch grundsätzlich frei ist. Die Gene können ein Pferd zwar an einen schlechten Brunnen führen, aber sie können es nicht zwingen, daraus zu trinken.

Stellen Sie sich vor, wir würden versuchen, Dawkins' Argumentation auf unser eigenes Leben anzuwenden. Vorbei wäre es dann mit den Begriffen von Tugend und Laster. Vorbei wären Lob und Tadel. Unsere „Entscheidungen" würden auf chemische Reaktionen und Absonderungen unseres Körpers reduziert. „Nicht, daß Sie ein guter Mensch wären, Johnny, aber Ihre Drüsen funktionieren zur Zeit ganz hervorragend ..." Wie absurd und unwissenschaftlich! Dawkins beginnt den zitierten Abschnitt mit der Aussage „Als Wissenschaftler glauben wir ..." Haben die echten Wissenschaften nicht immer etwas mit Hypothese und Überprüfung zu tun? War Dawkins nicht ein Gegner des „Glaubens"? Oder darf nur der *wissenschaftliche* Glaube Gehör verlangen?

Viertens muß man sich fragen, wodurch die Atheisten die von ihnen abgelehnte traditionelle Ethik ersetzen wollen. Das einzige Modell, das ihnen bleibt, ist das der Evolution: die bestangepaßten Individuen überleben. Aber bietet die Evolution eine menschlichere Moral als der christliche

Gott? Obwohl Christopher Hitchens die „Goldene Regel" als Ergebnis der Entwicklung der Arten bezeichnet, gibt er zu, daß die Evolution „gefühllos, grausam und unberechenbar" ist.[4] Und Richard Dawkins schreibt: „Die darwinistische Logik führt zu der Erkenntnis, daß jenes Element in der Hierarchie des Lebendigen, das überlebt und vom Filter der natürlichen Selektion durchgelassen wird, egoistisch ist. In der Umwelt überleben diejenigen Einheiten, denen es gelingt, auf Kosten ihrer auf der gleichen Hierarchieebene angesiedelten Rivalen zu überleben."[5]

Dawkins beschreibt einige seltene Beispiele, wo der Altruismus einzelnen Exemplaren der Spezies zu nützen scheint, doch dies ist eindeutig eher der Versuch, eine Theorie zu rechtfertigen, als anhand der Tatsachen die logischen Schlußfolgerungen zu ziehen. Eine evolutionäre Ethik stützt sich im Kern auf den Kampf ums Dasein, den Sieg der Überlebensfähigsten und eine erfolgreiche Anpassung. Das Überleben der Bestangepaßten heißt, in die Sprache der Ethik übersetzt, daß es immer die Größten, Stärksten und Gerissensten sind, die sich sattessen und fortpflanzen.

Ist das das ethische Modell, das unsere Gesellschaft braucht, um fürsorglicher, gerechter, gastfreundlicher und menschlicher zu werden? Selbst wenn man versucht, es in ansprechende Worte zu kleiden, bleibt es eine blutrünstige Ethik. Wenn etwas in sich irrational ist, kann man daraus keine Rationalität destillieren. Dieser Versuch ist zum Scheitern verurteilt.

Diese vier nicht weiter reduzierbaren Einwände gegen eine materialistische Ethik zeigen den Bankrott einer

Weltanschauung, die sich weigert, spirituelle Wirklichkeiten anzuerkennen. Es mag wohl sein, daß die Atheisten zu derselben Schlußfolgerung gelangen wie Friedrich Nietzsche, daß nämlich das menschliche Leben absurd ist und daß unser Leben und unsere Taten nur den Wert besitzen, den wir ihnen beimessen. Das ist der Nihilismus, der sich logisch und zwingend aus dem Materialismus ergibt. In Nietzsches Fall hat er obendrein zum Nationalsozialismus geführt.

Wir dürfen auf keinen Fall zulassen, daß die Atheisten sich moralisch aufs hohe Roß setzen und behaupten, sie hätten die „bessere Ethik". Schon der Begriff an sich ist in der materialistischen Weltanschauung ohne jede Bedeutung, denn in ihr sind alle moralischen Entscheidungen lediglich das Produkt eines blinden Zufalls.

26.
SIND ATHEISTEN GLÜCKLICHER ALS GLÄUBIGE?

In *Der Herr ist kein Hirte* stellt Christopher Hitchens die Frage, weshalb der Glaube seine Anhänger nicht glücklich mache.[1] Wenn das, was in der Bibel steht, wahr ist, so fragt er sich, warum sind Gläubige dann nicht glücklicher als Atheisten? Aber stimmt das wirklich? Sind Gläubige wirklich weniger glücklich als Ungläubige?

Wir könnten jetzt natürlich auf die eher anekdotische Beweisführung zurückgreifen, die unsere Autoren so lieben. „Alle meine atheistischen Freunde sind richtig gut drauf", oder „Der Gläubige, den ich neulich getroffen habe, war ein total unglücklicher Mensch", oder „Ich glaube, ich wäre ziemlich traurig, wenn ich religiös wäre …" Zum Glück müssen wir uns jedoch nicht auf diese wenig solide Form der Argumentation stützen, denn uns liegen bereits zahlreiche Ergebnisse von Meinungsumfragen vor, bei denen die Menschen anonym über ihren Glauben und ihre Lebenszufriedenheit Auskunft gegeben haben. Diese Daten erzählen eine ganz andere Geschichte als die, die die Atheisten uns präsentieren.[2]

Werfen wir zunächst einen Blick auf die Vereinigten Staaten, eine der gläubigsten Nationen in der Welt und (zufällig?) die wohlhabendste. Was die religiöse Praxis betrifft, lassen die Amerikaner sich in drei Kategorien einteilen. Umfragen zufolge besuchen etwa 30 Prozent mindestens einmal in der Woche und etwa 20 Prozent niemals den Gottesdienst (die erste Gruppe könnten wir als „religiös", die zweite Gruppe als „nichtreligiös" bezeichnen. Eine dritte Gruppe wohnt dem Gottesdienst manchmal, jedoch unregelmäßig bei. Obwohl sich die Gesellschaft in anderen Bereichen durchaus verändert hat, sind diese Zahlen in den vergangenen Jahrzehnten relativ stabil geblieben.[3]

Wie ist nun das Verhältnis zwischen religiösen und nichtreligiösen Amerikanern, wenn es um Glück geht? 2004 wurde im Rahmen der *General Social Survey* einer Reihe von Amerikanern folgende Frage gestellt: „Würden Sie sich selbst als sehr glücklich, ziemlich glücklich oder nicht sehr glücklich bezeichnen?" Der Anteil der religiösen Menschen, die sich selbst als „sehr glücklich" bezeichneten, war über doppelt so groß wie der entsprechende Anteil der nichtreligiösen Menschen (43 Prozent gegenüber 21 Prozent). Dagegen war der Prozentsatz der nichtreligiösen Menschen, die sich selbst für „nicht sehr glücklich" hielten, fast dreimal so groß wie der Prozentsatz der religiösen Menschen (21 Prozent gegenüber 8 Prozent). In derselben Umfrage war der Anteil der Menschen, die nach eigener Aussage optimistisch in die Zukunft blickten, bei den religiösen Befragten um ein Drittel höher als bei den nichtreligiösen Befragten (34 Prozent gegenüber 24 Prozent).[4]

Die „Glücksverteilung" zwischen religiösen und nichtreligiösen Befragten war unabhängig von Rasse, Geschlecht

SIND ATHEISTEN GLÜCKLICHER ALS GLÄUBIGE?

oder finanziellen Faktoren. Nehmen wir zwei Menschen, die in jeder nur denkbaren Hinsicht – Einkommen, Bildung, Alter, Geschlecht, Familienstand, Rasse und politische Ansichten – identisch sind. Der einzige Unterschied besteht darin, daß die erste Person religiös und die zweite nichtreligiös ist. Wenn das so ist, dann die wird die religiöse Person sich selbst mit doppelt so großer Wahrscheinlichkeit wie die nichtreligiöse Person als sehr glücklich bezeichnen.

Wie sieht es außerhalb der Vereinigten Staaten aus? Hier stellt sich heraus, daß der Zusammenhang zwischen Religiosität und persönlicher Zufriedenheit offenbar nicht von der Nationalität abhängt, denn die Ergebnisse sind in allen Ländern ähnlich. Und er hängt auch nicht davon ab, zu welcher Konfession oder Religion die Betreffenden sich bekennen. Die *Social Capital Community Benchmark Survey* aus dem Jahr 2000 zeigt, daß praktizierende Protestanten, Katholiken, Juden, Muslime und Angehörige anderer Religionen unterschiedslos mit sehr viel größerer Wahrscheinlichkeit angeben, glücklich zu sein, als nichtreligiöse Menschen. Und dieses Ergebnis bleibt auch dann bestehen, wenn wir die Religiosität an andcren Maßstäben als dem der Häufigkeit messen, mit der die Befragten einem Gottesdienst beiwohnen. So sind beispielsweise Menschen, die täglich beten, unabhängig von der Häufigkeit ihrer Gottesdienstbesuche mit einer um ein Drittel größeren Wahrscheinlichkeit „sehr glücklich" als solche, die niemals beten.[5]

Was läßt sich über die mittlere Gruppe sagen, diejenigen Personen also, die sich zwar mit einem bestimmten Glauben identifizieren, ihn jedoch nur unregelmäßig praktizieren? Sie sind im allgemeinen glücklicher als nichtreligiöse Menschen, doch nicht so glücklich wie diejenigen, die regelmäßig praktizieren. Hier gibt es jedoch eine interessante Verschiebung, was die Furcht vor dem Tod betrifft. Eine jüngere Umfrage ergab, daß mit zunehmendem Alter religiöse und nichtreligiöse Menschen weniger Angst vor dem Tod haben als die mittlere Gruppe, was auf einen Zusammenhang zwischen der Furcht vor dem Tod und einer religiösen Praxis hindeutet, die nicht mit den eigenen Überzeugungen übereinstimmt.

Offensichtlich sind nicht alle religiösen Menschen glücklich und nicht alle Atheisten traurig. Überdies sagt der Aspekt „Glück" nichts über die *Wahrheit* der Religion aus. Daß eine Religion die Menschen tendenziell offenbar glücklicher macht, ist kein Beweis für ihre Richtigkeit. Immerhin aber sind mit diesen Statistiken die Behauptungen der Atheisten vom Tisch, die sagen, die Religion mache ihre Anhänger *weniger* glücklich. Das genaue Gegenteil trifft zu. Wieder einmal erweist sich die Argumentation der Atheisten bei Licht betrachtet nicht nur als falsch, sondern als regelrechter Betrug.

27.
SIND ATHEISTEN GROSSZÜGIGER UND MENSCHENFREUNDLICHER ALS GLÄUBIGE?

Wenn sie über den Einfluß sprechen, den die Religion auf die Menschen ausübt, sind die Atheisten klug genug, den Bereich der Wohltätigkeit sorgfältig zu umgehen. Christopher Hitchens trifft eine eher vage und subjektive Aussage, wonach keine Statistik jemals ergeben wird, daß Atheisten „mehr Eigentums- oder Gewaltverbrechen begehen als gläubige Menschen" – näher kommt er dem Thema nicht.[1] Der Grund dafür, daß die Atheisten um die Frage der Großzügigkeit wohlweislich einen Bogen machen, ist die Tatsache, daß die Resultate einen überwältigenden Unterschied zwischen Gläubigen und Nichtgläubigen ergeben. Und es überrascht uns inzwischen nicht mehr, daß dieser Unterschied zugunsten der Gläubigen ausfällt.

Im Jahr 2000 haben Forscher der US-Universitäten und des *Roper Center for Public Opinion Research* die umfangreiche *Social Capital Community Benchmark Survey* (SC-CBS) durchgeführt, bei der 30.000 Personen aus fünfzig Gemeinden überall in den USA befragt wurden. Die Teilnehmer gaben Auskunft über ihr „staatsbürgerliches

Verhalten" einschließlich ihrer Spenden und freiwilligen Engagements im Jahr vor der Umfrage.²

Bei der Analyse der Daten unterteilte Professor Arthur C. Brooks von der Syracuse University die Befragten in drei Gruppen. Diejenigen Personen, die nach eigener Aussage wöchentlich oder häufiger den Gottesdienst besuchten, bezeichnete er als „religiös". Dieser Gruppe gehörten 33 Prozent aller Befragten an. Diejenigen, die nach eigener Aussage seltener als ein paar Mal pro Jahr den Gottesdienst besuchten, nannte er „nichtreligiös". Dieser Gruppe gehörten 26 Prozent aller Befragten an, womit sich der Anteil derer, die ihre Religion gelegentlich praktizierten, auf die verbleibenden 41 Prozent belief.³

Die Abweichungen, die Brooks zwischen den „religiösen" und den „nichtreligiösen" Befragten feststellte, erwiesen sich als dramatisch. Die Wahrscheinlichkeit einer Geldspende ist bei religiösen Menschen um 25 Prozent (91 Prozent gegenüber 66 Prozent), die Wahrscheinlichkeit eines freiwilligen Engagements um 23 Prozentpunkte größer als bei nichtreligiösen Menschen (67 gegenüber 44 Prozent). In Dollars umgerechnet entspricht dies einer durchschnittlichen Spende von $ 2.210 pro religiöse im Vergleich zu $ 642 pro nichtreligiöse Person. Hinsichtlich der für ein freiwilliges Engagement aufgewendeten Zeit ergab sich bei den religiösen Menschen ein Durchschnitt von 12 Mal pro Jahr gegenüber einem Durchschnitt von 5,8 Mal pro Jahr bei den nichtreligiösen Befragten. Religiöse Menschen stellen also – um diese Zahlen in einen Kontext einzuordnen – 33 Prozent der Bevölkerung, aber 52 Prozent aller Spenden und 45 Prozent des freiwilligen

Engagements. Nichtreligiöse Menschen stellen 26 Prozent der Bevölkerung, aber nur 13 Prozent der Dollars und 17 Prozent der für ein freiwilliges Engagement aufgewendeten Zeit.[4]

Interessanterweise zeigen diese Daten, daß der entscheidende Faktor im Hinblick auf das karitative Verhalten weniger durch die Art der Religion, sondern durch die Ernsthaftigkeit der religiösen Bindung bedingt ist. Unter denen, die regelmäßig zum Gottesdienst gehen, spenden 92 Prozent der Protestanten, 91 Prozent der Katholiken, 91 Prozent der Juden und 89 Prozent der Angehörigen anderer Religionen für wohltätige Zwecke.[5]

Ein anderes vielsagendes Ergebnis der SCCBS-Studie bezieht sich auf die Spenden für nichtreligiöse karitative Organisationen. Hier stellt sich heraus, daß die religiösen Menschen sowohl für nichtreligiöse wie für religiöse Zwecke großzügiger sind als nichtreligiöse Personen. Während 68 Prozent der Gesamtbevölkerung jährlich für nichtreligiöse Zwecke spenden (und 51 Prozent sich freiwillig engagieren), ist die Wahrscheinlichkeit einer Spende für solche Zwecke bei religiösen Menschen um 10 Prozentpunkte und die Wahrscheinlichkeit eines freiwilligen Engagements um 21 Prozentpunkte höher als bei nichtreligiösen Menschen (71 Prozent gegenüber 61 Prozent). Religiöse Menschen engagieren sich mit einer um 7 Prozent höheren Wahrscheinlichkeit in Nachbarschafts- und Bürgerinitiativen, mit um 20 Prozent höherer Wahrscheinlichkeit für arme und alte Menschen und mit um 26 Prozent höherer Wahrscheinlichkeit für Schul- oder Jugendprogramme. Es besteht also, kurz gesagt, ein unmittelbarer Zusammenhang zwischen religiöser Praxis und zeitlicher wie finanzieller Großzügigkeit.[6]

Überraschend sind diese Ergebnisse nur für Menschen mit tiefsitzenden antireligiösen Vorurteilen. Selbst der Deist Voltaire, der dem Christentum nicht freundlich gesonnen war, mußte den großen Nutzen der Religion im Hinblick auf die organisierte Wohltätigkeit einräumen: „Vielleicht gibt es auf Erden nichts Größeres als das Opfer der Jugend und Schönheit und oft auch der vornehmen Geburt, das das schöne Geschlecht bringt, um in den Hospitälern für die Linderung des menschlichen Elends zu arbeiten, dessen Anblick unser Zartgefühl so in Aufruhr versetzt. Menschen, die von der römischen Religion getrennt sind, haben diese großzügige Nächstenliebe immer nur unvollkommen nachahmen können."[7]

Gegen Ende seiner Analyse der Zusammenhänge zwischen Wohltätigkeit und Glauben äußert sich Professor Brooks zum pädagogischen Einfluß der Religion auf Spenden und freiwilliges Engagement:

> Vermutlich erfahren die Gemeindemitglieder in den Gebetsstätten etwas über die religiöse Pflicht des Spendens und die physischen und spirituellen Nöte der Armen. Einfach gesagt lernen die Menschen innerhalb einer Kirche, Synagoge oder Moschee wahrscheinlich eher Wohltätigkeit als außerhalb. Wenn Wohltätigkeit tatsächlich ein erlerntes Verhalten ist, dann sind Gebetsstätten vielleicht nur ein Mittel (wenn auch ein besonders wirkungsvolles), sie zu lehren.[8]

Atheistische Schriften belegen ihre Argumente gegen die Religion fast ausschließlich mit Anekdoten. Wenn sie ihre Hypothese von der Überlegenheit des Atheismus gegenüber der Religion verfechten, reihen sie einfach Skizzen aneinander und schildern darin die schlimmsten im Namen der Religion begangenen Greuel, die man sich nur vorstellen kann, weil sie hoffen, daß ihre Schauergeschichten die Leser so sehr abschrecken, daß sie sich von der Religion abwenden. Doch wo immer ein stichhaltiger Vergleich zwischen Gläubigen und Nichtgläubigen möglich ist, fallen die statistischen Beweise zugunsten der Gläubigen aus. Ob wir über die Bosheit und das Blutvergießen atheistischer Regime, die Großzügigkeit und Wohltätigkeit religiöser Menschen oder einfach über das Glück sprechen, das aus dem religiösen Glauben erwächst – die Religion schlägt den Atheismus mühelos und in jedem Gebiet. Diese Tatsache allein wird jeden unvoreingenommenen Beobachter nachdenklich machen.

EPILOG: EIN APPELL AN DIE CHRISTEN

Ich möchte dieses kleine Buch mit einem persönlichen Appell an meine Brüder und Schwestern in Christus beschließen. So offensichtlich unfair und frustrierend die Attacken von Hitchens, Dawkins, Harris, Dennett und Konsorten auch sind, können wir doch eine wichtige Lektion aus ihnen lernen.

Wir beklagen uns zu Recht, daß die Feinde des Christentums nicht gegen die Realität, sondern gegen ein Klischee des Christentums Sturm laufen und daß sie die eklatantesten Beispiele von Christen, die sich unchristlich verhalten, benutzen, um Christus und seine Kirche mit Häme zu überziehen. Dennoch rufen diese Autoren uns zu einer Gewissenserforschung auf. Wir sind, wie der große heilige Paulus uns erinnert, „Gesandte an Christi statt" (2 Kor 5,20) und aufgerufen, „ein Leben zu führen, das des Rufes würdig ist, der an euch erging" (Eph 4,1). Wenn wir das nicht tun, sind wir selbst verantwortlich für die Irrtümer anderer.

Jesus hat seine Jünger dazu aufgefordert, das Salz der Erde und das Licht der Welt zu sein. Das hat er ihnen nachdrücklich ans Herz gelegt: „So soll euer Licht vor den Menschen leuchten, damit sie eure guten Werke sehen und euren Vater im Himmel preisen" (Mt 5,16). Diese „guten

Werke" der Christen bezeugen die Wahrheit Gottes und sind für alle ein Grund, ihn zu preisen.

Paulus ermahnt uns: „Eure Güte werde allen Menschen bekannt" (Phil 4,5) und: „Eure Worte seien immer freundlich" (Kol 4,6). Doch wie viele derer, die sich heute als Atheisten oder Agnostiker bezeichnen, sind von einem selbstgerechten oder ungeduldigen Christen abgeschreckt worden, dem es nicht gelungen ist, ein Spiegel der Güte und Barmherzigkeit Gottes zu sein? Wie viele haben Christus niemals kennengelernt, weil die, die dazu berufen sind, ihn der Welt zu verkündigen, dies nicht in jener dienenden Haltung getan haben, an der man die Anhänger Jesu doch eigentlich erkennen soll? Wie oft ist die Schönheit der Frohbotschaft Jesu Christi durch die Sünden seiner Gläubigen beeinträchtigt worden?

Gewiß, wir alle sind Sünder. Zum Glück hängt die Heilsbotschaft nicht von uns ab, und niemandem von uns wird es jemals gelingen, seinem Ideal gerecht zu werden. Dennoch bin ich davon überzeugt, daß das stärkste Argument für die Wahrheit des Christentums nicht aus der Feder eines Theologen, sondern von den Lippen heiliger, vom Geist erfüllter Christen fließen wird, die von Gottes leidenschaftlicher Liebe zur Welt Zeugnis ablegen.

Für einige wird keine noch so große Anzahl guter Beispiele jemals genügen. Die Herzen einiger – vor allem derer, die Gottes Liebe endgültig von sich gewiesen haben – werden nur durch eine besondere Gnade Gottes wieder aufgeschlossen werden können. Doch für viele andere ist nur das Beispiel der in seinen Anhängern verkörperten Liebe Christi vonnöten, damit sie in ihm ihre Erlösung su-

EPILOG

chen. Wenn sie „eure guten Werke" sehen, werden sie sich gedrängt fühlen, „euren Vater im Himmel zu preisen".

Zu Beginn dieser kurzen Abhandlung habe ich an die Worte des Apostels Petrus erinnert, der die Christen drängte: „Seid stets bereit, jedem Rede und Antwort zu stehen, der nach der Hoffnung fragt, die euch erfüllt; aber antwortet bescheiden und ehrfürchtig" (1 Petr 3,15–16). Mögen seine Worte uns alle erleuchten, damit wir würdige Gesandte eines so großen Königs sind.

ANMERKUNGEN

Teil I:
Religion im Fadenkreuz

1 Christopher Hitchens, *Der Herr ist kein Hirte: wie Religion die Welt vergiftet*, München 2007, S. 70.

Kapitel 1:
Religion oder Religionen? Sind alle Religionen gleich?

1 Christopher Hitchens, *Der Herr ist kein Hirte*, S. 74.

2 Richard Dawkins, *Der Gotteswahn*, Berlin 2007, S. 53.

3 Daniel C. Dennett, *Breaking the Spell: Religion as a Natural Phenomenon*, New York 2006, S. 9 (dt.: Den Bann brechen: Religion als natürliches Phänomen, Frankfurt a. M. 2008).

4 Mahatma Gandhi, zitiert nach M. S. Mehendale, *Gandhi Looks at Leprosy*, Internet: http://www.reference.com/browse/wiki/Father_Damien

5 Hitchens, *Der Herr ist kein Hirte*, S. 39.

Kapitel 2:
Ist Religion nicht einfach nur Wunschdenken?

1 Im Original (*God Is Not Great: How Religion Poisons Everything*, New York 2007, S. 4) spricht Hitchens von „four irreducible objections", das Attribut „irreducible" ist in der deutschen Ausgabe allerdings nicht übersetzt, vgl. *Der Herr ist kein Hirte*, S. 15.

2 Voltaire, *Epître à l'auteur du livre des Trois imposteurs*, („Epistel an den Verfasser des Buches von den drei Betrügern"), 10. No-

vember 1770. Dieser Satz von Voltaire wurde so berühmt, daß Gustave Flaubert ihn in sein *Dictionnaire des idées reçues* („Wörterbuch der Gemeinplätze") aufnahm, und zählt noch heute zu den meistzitierten Aussprüchen Voltaires.

3   Sigmund Freud, *Totem und Tabu*, in: *Gesammelte Werke* Bd. 9, 6. Aufl., Frankfurt a. M. 1978, S. 177.

4   Paul C. Vitz, *Faith of the Fatherless: The Psychology of Atheism*, Dallas (Spence Publishing) 1999, insb. S. 6–16.

Kapitel 4:
Kann jemand ohne Religion sittlich gut sein?

1   Auch wenn dieser bekannte Ausspruch kein exaktes Dostojewski-Zitat ist, bringt es doch die von Iwan Karamasow im sechsten Kapitel von *Die Brüder Karamasow* geäußerte Überzeugung sehr gut zum Ausdruck. Iwan ist zu dem Schluß gekommen, daß es keinen Gott und keine Unsterblichkeit gibt. „Alles sei dann erlaubt", postuliert er daraufhin als logische Konsequenz. Außerdem sagt Iwan noch: „Es gibt keine Tugend, wenn es keine Unsterblichkeit gibt."

2   George Washington, *Abschiedsrede an sein Kabinett*, Philadelphia, Pennsylvania, 17. September 1796.

3   Dieses Zitat von Thomas Jefferson ist sogar auf Tafel 3 im *Jefferson Memorial* in Washington D. C. verewigt.

4   James Madison, *Brief an Frederick Beasley*, 20. November 1825, zitiert nach *The Founders' Almanach*, S. 155 f.

5   Hitchens, *Der Herr ist kein Hirte*, S. 42.

Kapitel 6:
Sind religiöse Menschen weniger intelligent als Nichtgläubige?

1   Sam Harris, *Brief an ein christliches Land*, München 2008, S. 20.

2   Dawkins, *Der Gotteswahn*, S. 142.

3   Richard Dawkins, „Bible Belter", in: The Times Literary Supplement, 5. September 2007.

4   Mutter Teresa, Rede anläßlich der *Harvard's Class Day Exercises,* 9. Juni 1982, Internet: http://www.columbia.edu/cu/augustine/arch/teresa82.html

Teil II: Religion und Gesellschaft

1   Hitchens, *Der Herr ist kein Hirte,* S. 75.

Kapitel 7:
Schadet Religion mehr, als sie nützt?

1   Hitchens, *Der Herr ist kein Hirte,* S. 216.

Kapitel 8:
Verursacht die Religion denn keine Kriege und Gewalttaten?

1   Ross Douthat, „Lord Have Mercy", in: The Claremont Review of Books, Sommer 2007.

2   Vgl. http://salemwitchtrials.com/faqs.html#victims

3   Vgl. z. B. http://wiki.answers.com/Q/How_many_people_died_from_the_Inquisition

4   Präzisere Angaben zu den Opfern atheistischer Regime finden sich unter http://www.hawaii.edu/powerkills/NOTE1.HTM; demzufolge beläuft sich die Zahl auf über 130 Millionen.

5   Vgl. die Statistiken in R. J. Rummels Buch *Death by Government,* New Brunswick, NJ (Transaction Publishers) 1994, im Internet zusammengestellt unter http://www.hawaii.edu/powerkills/NOTE1.HTM

ANMERKUNGEN

Kapitel 10:
Versuchen die Gläubigen, das Ende der Welt zu beschleunigen?

1   Hitchens, *Der Herr ist kein Hirte,* S. 75.

Kapitel 11:
Ist religiöse Erziehung eine Form von Kindesmißhandlung?

1   Hitchens, *Der Herr ist kein Hirte,* S. 263.

2   Dawkins, *Der Gotteswahn,* S.437 f.

3   Ebd., S. 440.

4   Hitchens, *Der Herr ist kein Hirte,* S. 269.

Kapitel 12:
Sollte es gläubigen Menschen erlaubt sein, ihren Glauben weiterzugeben?

1   Hitchens, *Der Herr ist kein Hirte,* S. 24, 29, 46.

2   Ann Coulter im Interview mit Donny Deutsch im Rahmen seiner Sendung *The Big Idea* auf CNBC, 8. Oktober 2007, http://www.foxnews.com/story/0,2933,301216,00.html

3   Zitiert nach Dennis Prager in: „Ann Coulter Wants Jews to Become Christian – So What?", http://www.townhall.com/columnists/DennisPrager/2007/10/16/ann_coulter_wants_jews_to_become_christian_so_what

4   Ebd.

Kapitel 13:
Hat die Wissenschaft bewiesen, daß Gott nicht existiert?

1   Dawkins, *Der Gotteswahn,* S. 69.

2   Ebd., S. 85.

3   Ebd., S. 103.

4   Ebd., S. 157.

Kapitel 14:
Stellt die Bibel die Ursprünge des Menschen und des Kosmos nicht falsch dar?

1 Hitchens, *Der Herr ist kein Hirte*, S. 15.

2 Harris, *Brief*, S. 19.

3 Francis S. Collins, *Gott und die Gene: ein Naturwissenschaftler begründet seinen Glauben*, Gütersloh 2007, S. 55.

4 Robert Jastrow, *God and the Astronomers*, New York (W. W. Norton) 1992, S. 14 (deutsche Übersetzung zitiert nach Francis S. Collins, *Gott und die Gene*, S. 54f.)

5 Arno Penzias, zitiert nach Francis S. Collins, *Gott und die Gene*, S. 62; vgl. M. Browne, „Clues to the Universe's Origins Expected", in: New York Times, 12. März 1978.

6 Dawkins, *Der Gotteswahn*, S. 156.

7 Collins, *Gott und die Gene*, S. 73.

8 Dawkins, *Der Gotteswahn*, S. 198f.

9 Hawking, Stephen W., *Eine kurze Geschichte der Zeit*, Reinbek bei Hamburg 1991, S. 161.

Kapitel 15:
Ist das Christentum wissenschaftsfeindlich?

1 Hitchens, *Der Herr ist kein Hirte*, S. 277.

2 Dawkins, *Der Gotteswahn*, S. 175.

3 Hitchens, *Der Herr ist kein Hirte*, S. 63, 115.

4 Vgl. insbes. Rodney Stark, *For the Glory of God: How Monotheism Led to Reformations, Science, Witch-Hunts, and the End of Slavery*, Princeton, NJ (Princeton University Press) 2003, und *The Victory of Reason: How Christianity Led to Freedom, Capitalism, and Western Success*, New York (Random House) 2005.

5 J.L. Heilbron, Jährliche Eröffnungsvorlesung an der Scientific Instrument Society, Royal Institution, London, 6. Dezember

1995, und dies., *The Sun in the Church: Cathedrals as Solar Observatories,* Cambridge 1999, S. 3 (deutsche Übersetzung zitiert nach Thomas E. Woods jr., *Sternstunden statt dunkles Mittelalter,* Aachen 2006, S. 13 f.).

6   Hitchens, *Der Herr ist kein Hirte,* S. 91.

7   Ebd., S. 85.

Kapitel 16:
Sind nicht alle Wissenschaftler und Denker Atheisten oder zumindest Agnostiker?

1   Hitchens, *Der Herr ist kein Hirte,* S. 277.

2   Vortrag auf der Bioethik-Konferenz an der Universität Regina Apostolorum in Rom, zitiert nach Elizabeth Lev, „Festing on Relics; What Makes a Bioethicist", ZENIT-Nachrichtendienst, 17. März 2005, http://www.zenit.org/article-12538?l=english

3   John Galbraith Simmons, *Who's who der Wissenschaften,* Düsseldorf 2007.

4   Zitiert nach James E. Force und Richard H. Popkin (Hgg.), *Newton and Religion: Context, Nature and Influence,* International Archives of the History of Ideas (Springer Science + Business Media) 1999, S. 233.

5   Zitiert nach Des MacHale, *Wisdom,* Cork (Mercier Press) 2002.

6   J. H. Tiner, *Louis Pasteur – Founder of Modern Medicine,* Milford, MI (Mott Media) 1990, S. 90.

7   Vgl. Hitchens, *Der Herr ist kein Hirte,* S. 117.

8   Stephen Jay Gould, „Impeaching a Self-Appointed Judge", in: Scientific American 267/1 (Juli 1992), S. 118–121.

9   Edward J. Larson und Larry Witham, „Scientists Are Still Keeping the Faith", in: Nature 386/6624 (3. April 1997), S. 435–436.

10 James H. Leuba, *The Belief in God and Immortality: A Psychological, Anthropological and Statistical Study,* Boston (Sherman, French & Co.) 1916.

Kapitel 17:
Ist religiöser Glaube irrational?

1 Hitchens, *Der Herr ist kein Hirte,* S. 307, 15.

2 Ebd., S. 227.

3 Vgl. insbes. Thomas von Aquin, *Summa Theologiae* Ia, q. 2, a. 3.

4 Dawkins, *Der Gotteswahn,* S. 108.

5 Papst Johannes Paul II., Enzyklika *Fides et Ratio* (14. September 1998), Nr. 43.

6 Hitchens, *Der Herr ist kein Hirte,* S. 15.

7 Dawkins, *Der Gotteswahn,* S. 73.

* Cotton Mather (1663–1725), puritanischer Geistlicher, beeinflußte stark die Hexenprozesse von Salem (Anm. d. Ü.).

8 Ebd., S. 82.

Teil IV: Das Christentum unter Beschuß

1 Dawkins, *Der Gotteswahn,* S. 45.

Kapitel 18:
Ist der Gott der Bibel ein eifersüchtiger Sadist?

1 Dawkins, *Der Gotteswahn,* S. 45.

2 Ebd., S. 33, 55, 66.

ANMERKUNGEN

Kapitel 19:
Sind die Evangelien verläßliche historische Dokumente?

1   Hitchens, *Der Herr ist kein Hirte*, S. 139, 149 f.

2   Dawkins, *Der Gotteswahn*, S. 130.

3   Zweites Vatikanisches Konzil, Dogmatische Konstitution über die göttliche Offenbarung *Dei Verbum* (18. November 1965), Nr. 19.

4   Dawkins, *Der Gotteswahn*, S. 134.

5   Ebd., S. 136.

6   Craig L. Blomberg, *Die historische Zuverlässigkeit der Evangelien*, Nürnberg 1998; Frederick F. Bruce, *Das Neue Testament: glaubwürdig, wahr, verläßlich*, Lahr 1997.

Kapitel 20:
Hat es den historischen Jesus wirklich gegeben?

1   Dawkins, *Der Gotteswahn*, S. 136.

2   Hitchens, *Der Herr ist kein Hirte*, S. 146 (in der deutschen Übersetzung sind die Jahresangaben korrekt, Anm. d. Ü.).

3   Theodore Dalrymple, „Oh, to Be in England: What the New Atheists Don't See", in: The City Journal 17/4 (Herbst 2007), http://www.city-journal.org/html/17_4_oh_to_be.html

4   Tacitus, *Annalen* 15,39–43.

5   Sueton, *Leben der Cäsaren*, „Claudius", 5,25,4.

6   Julius Africanus, Extant Writings XVIII, in: *The Ante-Nicene Fathers*, hg. von Alexander Roberts und James Donaldson, Grand Rapids (Eerdmans) 1973, Bd. VI, S. 130, zitiert nach Gary R. Habermas, *The Historical Jesus: Ancient Evidence for the Life of Christ*, Joplin, MO (College Press Publishing Company) 1996.

7   Plinius, *Briefe*, übers. von William Melmoth, bearb. von W. M. L. Hutchinson, Cambridge (Harvard University Press) 1935, Bd. II, X,96, zitiert nach Habermas, *The Historical Jesus*, S. 199.

8   Lucian, Der Tod des Peregrinus 11–13, in: *The Works of Lucian of Samosata,* übers. von H. W. Fowler und F. G. Fowler, 4 Bde., Oxford (Clarendon) 1949, Bd. 4, zitiert nach Habermas, *The Historical Jesus,* S. 206.

9   Flavius Josephus, *Jüdische Altertümer* (18,3), zitiert nach Habermas, *The Historical Jesus,* S. 194; vgl. James H. Charlesworth, *Jesus Within Judaism,* Garden City (Doubleday) 1988, S. 95.

10 Der babylonische Talmud, übers. von I. Epstein, London (Soncino) 1935, Bd. III, Sanhedrin 43a,281, zitiert nach Habermas, *The Historical Jesus,* S. 203.

Kapitel 21:
Hat Jesus die Kirche gegründet, oder wurde er von seinen Gefolgsleuten instrumentalisiert?

1   Hitchens, *Der Herr ist kein Hirte,* S. 143, 150.

Kapitel 22:
Sind Christen Sexhasser?
Führt Glaube zu sexueller Verklemmtheit?

1   Hitchens, *Der Herr ist kein Hirte,* S. 74, 261, 15.

2   Ebd., S. 72.

3   Johannes Paul II., *Die menschliche Liebe im göttlichen Heilsplan: eine Theologie des Leibes. Mittwochskatechesen von 1979–1984,* hg. von Norbert und Renate Martin, Kisslegg 2008.

4   Wendy Shalit, *A Return to Modesty: Discovering the Lost Virtue,* New York (Free Press) 1999.

5   Robert T. Michael, John H. Gagnon und Gina Kolata, *Sex in America,* Boston (Little, Brown and Company) 1994.

6   Bernard Spilka, *The Psychology of Religion: An Empirical Approach,* New York (Guilford Press) 2003, S. 186.

7   Hitchens, *Der Herr ist kein Hirte,* S. 56.

Kapitel 23:
Sind Atheisten toleranter als Gläubige?

1   Hitchens, *Der Herr ist kein Hirte*, S. 24.

2   Harris, *Brief*, S. 17.

3   Hitchens, *Der Herr ist kein Hirte*, S. 74, 84f., 47, 235, 282, 225, 75, 73.

4   Sam Harris, *The End of Faith: Religion, Terror and the Future of Reason*, New York (W. W. Norton) 2005, S. 14, 15, 46 (dt.: *Das Ende des Glaubens: Religion, Terror und das Licht der Vernunft*, Winterthur 2007).

5   Ebd., 52f.

6   Theodore Dalrymple, „Oh, to Be in England: What the New Atheists Don't See" (wie Anm. 3, Kap. 20).

7   Sam Harris, *The End of Faith*, S. 45.

8   Hitchens, *Der Herr ist kein Hirte*, S. 21

Kapitel 24:
Sind Atheisten bessere Bürger als religiöse Menschen?

1   John Locke, *Ein Brief über Toleranz*, englisch-deutsch, übers. von Julius Ebbinghaus, Nachdr. der Ausg. von 1975, Hamburg 1996, S. 95.

2   Peter Hitchens, „Hitchens vs Hitchens", in: The Daily Mail (21. Dezember 2007), http://www.dailymail.co.uk/pages/live/articles/news/newscomment.html?in_article-id=459427&in_page_id=1787&in_a_source

Kapitel 25:
Sind Atheisten ethischer als Gläubige?

1   Hitchens, *Der Herr ist kein Hirte*, S. 96, 115.

2   Peter Hitchens, „Hitchens vs Hitchens".

3 Richard Dawkins, „Let's All Stop Beating Basil's Car", in: Edge: The World Question Center 2006, http://www.edge.org/q2006/q06_9.html

4 Hitchens, *Der Herr ist kein Hirte,* S. 111 f.

5 Dawkins, *Der Gotteswahn,* S. 298.

Kapitel 26:
Sind Atheisten glücklicher als Gläubige?

1 Hitchens, *Der Herr ist kein Hirte,* S. 28.

2 An dieser Stelle möchte ich mich herzlich bei Arthur C. Brooks für seinen erhellenden Artikel „The Ennui of Saint Teresa" im Wall Street Journal (24. September 2007, A18) bedanken, wo er einige der erwähnten statistischen Daten zusammengestellt hat.

3 Ebd.

4 Vgl. http://www.cfsv.org/communitysurvey/

5 Ebd.

6 Ebd.

Kapitel 27:
Sind Atheisten großzügiger und menschenfreundlicher als Gläubige?

1 Hitchens, *Der Herr ist kein Hirte,* S. 16.

2 http://www.cfsv.org/communitysurvey/

3 Arthur C. Brooks, „Religious Faith and Charitable Giving", in: Policy Review 121 (Oktober/November 2003).

4 Ebd.

5 Ebd.

6 Ebd.

ANMERKUNGEN

7   Voltaire, zitiert nach Michael Davies, *For Altar and Throne: The Rising in the Vendée,* St. Paul, MN (Remnant Press) 1997, S. 13 (deutsche Übersetzung zitiert nach Thomas E. Woods jr., *Sternstunden statt dunkles Mittelalter,* S. 222).

8   Brooks, „Religious Faith".

Scott Hahn
Mehr als ein Gefühl
Gründe für den christlichen Glauben

Warum lohnt es sich zu glauben? Scott Hahn, selbst vor Jahren zur katholischen Kirche konvertiert, nennt gute Gründe. In seinem Buch erklärt er das Wie und Warum des christlichen Glaubens und stützt sich dabei auf die Bibel, die reiche Tradition der Kirche und seine persönliche Erfahrung. Ein Buch für Gläubige, aber auch für Suchende und Verunsicherte.

ISBN 978-3-86744-057-8
gebunden, 224 Seiten

SANKT ULRICH VERLAG

Peter Blank

Alles Zufall?

Naive Fragen zur Evolution

Auf unterhaltsame Weise nähert sich Peter Blank, Jurist und Priester, dem Evolutionsglauben und zeigt an Beispielen schlüssig auf, wie unhaltbar die Theorie ist, daß alles Leben zufällig entstanden ist. Ohne gesicherten Erkenntnissen zu widersprechen, plädiert der Autor für mehr kritische Gelassenheit gegenüber dem Absolutheitsanspruch der Naturwissenschaft und für den selbstbewußten Gebrauch des gesunden Menschenverstandes.

ISBN 978-3-936484-73-1
kartoniert, 128 Seiten

Bernd Posselt
Ist Religion gefährlich?
Wahrheit und Terrorismus

Der Europaabgeordnete Bernd Posselt setzt sich höchst unkonventionell mit der Sprengkraft religiöser Ansprüche vor dem Hintergrund seiner vertieften Geschichtskenntnisse, aber auch seiner persönlichen Erfahrungen an den Brennpunkten kultureller und militärischer Konflikte auseinander. Er zeigt, daß Religion zwar ein gewaltiges Konfliktpotential in sich birgt, aber daß ohne Religion die Motivation und Wege zu einem friedlichen Miteinander unterschiedlicher Kulturen verbaut sind.

ISBN 978-3-936484-95-3
kartoniert, 128 Seiten